数独游戏大全
从入门到精通

邢声远 ◎ 主编

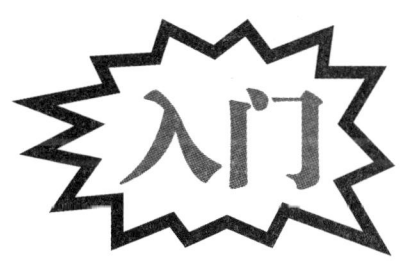

入门

中国纺织出版社
国家一级出版社
全国百佳图书出版单位

内容提要

因《越玩越聪明的 1040 个数独游戏》受到广大读者的喜爱，为了使玩者对数独有进一步的认识和提高，作者继而编写了本书，以飨广大的读者！

本书的特点是简要地介绍了数独的来龙去脉，内容由浅入深，由简到繁，内容新、精而全，覆盖面广，不仅包含了各种类型和形式的数独游戏，还较详细地介绍了解题方法，是一套难得的休闲、高尚、自娱自乐的智力游戏。

图书在版编目（CIP）数据

数独游戏大全：从入门到精通：全 3 册 / 邢声远主编 . — 北京：中国纺织出版社，2018.10

ISBN 978-7-5180-5222-6

Ⅰ . ①数… Ⅱ . ①邢… Ⅲ . ①智力游戏 Ⅳ . ① G898.2

中国版本图书馆 CIP 数据核字（2018）第 178296 号

责任编辑：江　飞　　特约编辑：廖红波　　责任印制：储志伟

中国纺织出版社出版发行
地址：北京市朝阳区百子湾东里 A407 号楼　邮政编码：100124
邮购电话：010—67004422　传真：010—87155801
http：//www.c-textilep.com
E-mail：faxing@c-textilep.com
北京通天印刷有限责任公司印刷　各地新华书店经销
2018 年 10 月第 1 版第 1 次印刷
开本：787×1092　1/16　印张：33.5
字数：360 千字　定价：100.00 元（全 3 册）

凡购本书，如有缺页、倒页、脱页，由本社图书营销中心调换

前　言

　　数独是一种填数字的智力游戏，它是利用事先提供的数字为线索，运用逻辑推理的思维方法和排除法，把数字填入空白的方格中，其构造原理便是高等数学中的拉丁方。

　　2004年11月12日，英国《泰晤士报》首先刊登的数独题，引起了人们极大的兴趣和关注，进而引发了一场声势浩大的"数独"热。数独在短短数月间便蔓延至全球，成为人们非常喜爱的一种智力数字游戏。

　　前几年，数独逐渐被国人所认识和喜爱，玩者队伍不断扩大，数独谜题在《北京晚报》《新民晚报》《今晚报》《法制晚报》等众多报刊上每天连续刊登，甚至在电视节目的黄金时段也有播出。数独的巨大魅力，由此可见一斑。值得注意的是，北京市西城区部分中学开设了数独兴趣课；2010年1月16日《北京晚报》第30版报道，东城区"新鲜胡同小学首开数独示范课"；北京市东城区教委推动数独校本课，组织小学数学教师集中培训数独知识，以便于数独的普及推广；上海交通大学在2009年自主招生的数学考试的压轴试题，竟然是一道数独题。媒体报道后，数独已成为学生、家长和教育界热议的焦点，很多人由此对数独与思维拓展间的关联有了新的感知和认同。也许，数独将会出现在中考和高考的数学试题中！专家认为，经常玩数独游戏有助于青少年智力开发；成年人玩数独，可以增强脑细胞的活力，可以预防老年痴呆症，取得延年益寿的效果。

　　数独作为一种健康的智力游戏，也是对人的智慧和毅力的挖掘与考验。玩者明明感受到的是山穷水尽寸步难行，若下决心坚持下去，则会呈现柳暗花明又一"格"的阳光大道，这一格的数字解决了，就会取得全局的胜利。不少玩者即使不断遇到困难和挫折，却依然乐此不疲。这就是数独能在较短的时间内风靡全球，得到人们广泛认同和追捧的原因，这也是数独与其他游戏不同的魅力所在。

　　在这看似简单的数独游戏中，用自己所有的想象力、逻辑推理和创新思维，去感悟游走在小格间的成功与失败，体会和享受思维的乐趣。本书为我们提供了难得的体验机会。

　　本书的特点是由浅入深、由简到繁，内容新、精而全，覆盖面广。在本书撰写的过程中，得到了殷长生、撒增祺、张娟、马雅琳、郭凤芝，王智、曹小红、史丽敏、董奎勇、杨萍、张嘉秋、刘文戟、梁绘影、袁大幸、周硕、曾燕、张海峰、张洪峰、张立轻、王桂英、张旭红等同志的大力帮助，在此表示最诚挚的感谢！由于我们的水平和经验有限，书中有不足之处，敬请广大读者批评指正，不胜感激！

邢声远

2018 年 6 月

目 录

第一部分 数独简介 ·· 1

  一、数独简介 ·· 2

  二、数独的作用 ·· 6

  三、数独的构造 ·· 8

第二部分 数独游戏规则、解题方法与谜题 ················· 11

  一 四字 (4×4) 常规数独（NO.1 ~ NO.60） ······················ 12

  二 四字 (4×4) 另类四宫阵数独之一——中心四宫阵

     （NO.61 ~ NO.120） ··· 20

  三 四字 (4×4) 另类四宫阵数独之二——对角线四宫阵

     (NO.121~NO.180) ·· 27

  四 四字 (4×4) 另类四宫阵数独之三——异形四宫阵 (NO.181~NO.240)

     ·· 34

  五 四字 (4×4) 连体数独 (NO.241~NO.302) ····················· 41

  六 五字 (5×5) 常规数独 (NO.303~NO.374) ····················· 55

  七 五字 (5×5) 对角线幻方 (NO.375~NO.422) ··················· 64

1

目录

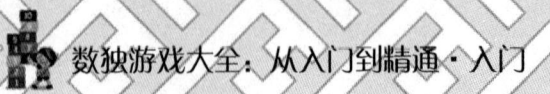

八　五字 (5×5) 异形数独 (NO.423~NO.494) ……………… 71

九　六字 (6×6) 常规数独 (NO.495~NO.566) ……………… 80

十　六字 (6×6) 连体数独 (NO.567~NO.628) ……………… 92

NO.1～NO.628 参考答案 ………………………………… 115

第一部分

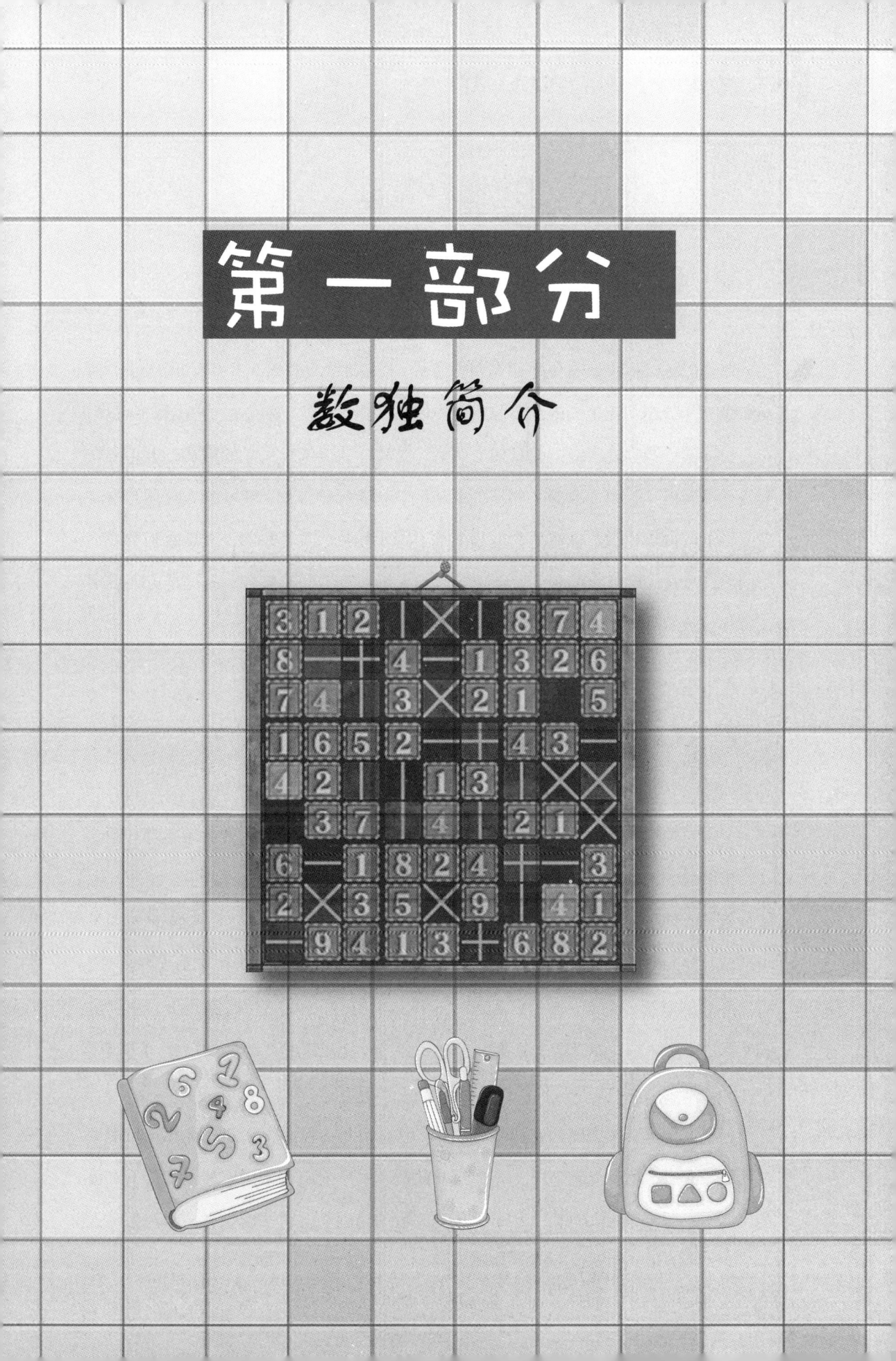

数独简介

一、数独简介

数独（Sudoku）是一种数字拼图益智游戏，其名称来自日语すうどく，意思是"独立的数字"或"在规定范围内只出现一次的数字"。概括来说，它就是一种填数字游戏。它与中国古代的"九宫格"游戏如出一辙。这种在欧美流行多年的游戏，近年来在我国逐渐开展与普及，这样一种随手拿起纸笔就能玩的游戏，使不少人沉迷其中。拿起纸笔就能玩数独，也有的在电脑上或上网玩数独，甚至拿着手机玩数独游戏，有的因此坐过了站。有的报刊杂志上几乎天天都登有数独求解题；有的地方还出现了有关数独的爱好者组织（如数独联盟等）。

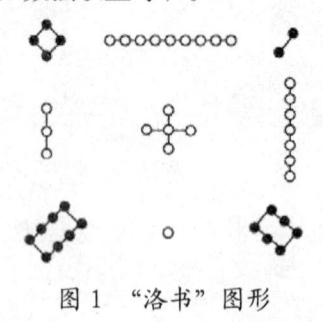

图 1 "洛书"图形

追溯数独的起源，早在4000多年前的我国古代就可看到它的影子。它的基本结构就是九宫格，即带有9个方格的九宫图。传说在上古（约在公元前21世纪初）大禹治水的时候，洛河里出现了一只乌龟，龟的身上画有一幅图，人们称其为"洛书"。它由许多圆点组成图形，如图1所示。该图形共有45个圆点（或圈点），分别组合而摆成方形。东、西、南、北各为7、3、1、9个点；四角各为8、6、2、4个点；中间则为5个点。

到了北周（557～581年）时，易学家把它和九宫联系起来，即将八卦和中央之宫联系起来，称作九宫。于是，在当时的数学书中就出现了用数替圈（圆）点数的九宫图，即带数的九宫格。在书中还列有数的排列法："二四为肩，六八为足，左三右七，戴九履一，五居中央"，如图2所示。到了宋朝（960～1279年），开始出现了"重排九宫"的游戏。这就是格子数字游戏的起源。

4	9	2
3	5	7
8	1	6

图2 "洛书"中数的排列法

但是，中国古代的九宫图与现代的数独只是外形上的相似，而在内容上却是不同的。中国古代的九宫图就是现代数学书中的"幻方"，其规律是每行、每列以及两条对角线上的各数之和相等；而标准数独是由9个九宫组成一个阵，它要求每行、每列以及每个九宫的格内的数1～9不重复。由此可见，中国古代的九宫图与现代数独有着本质上的区别。但是，从中国古代的九宫图改造变成现代数独的漫长历史长河中，有一个变化的突破点，这就是18世纪80年代的瑞士数学家里昂哈德.欧拉（Leonhard Euler）的"拉丁方"。

由于当时欧洲有个普鲁士王国，据说有一年这个王国的国王腓特烈要举办阅兵式，他计划从6支部队中各选6名官兵，组成36人的方队，作为阅兵仪式的先导部队。组队的要求是各部队的6名官兵分别是少尉、中尉、上尉、少校、中校、大校各一名，而且这36名官兵要组成一个方阵，方阵中每一行、每一列都有各部队、各级别的官兵各一人。如何满足国王对组成方阵的要求呢？这是一道难题。

著名的瑞士数学家欧拉当时正在普鲁士王国的柏林，于是他被邀请来帮忙。尽管欧拉绞尽脑汁，也无法排出这6×6的36人方阵来。可是，他在1782年排出了3×3的9人方阵。他用拉丁字母A、B、C来代表不同的部队，用希腊字母α、β、γ来代表不同级别的官兵。然后将这些字母填入九宫格中，如图3所示。按照欧拉的方法排列方阵，果真符合腓特烈国王的要求。因为在该方阵中使用了希腊和拉丁字母，所以后人称其为"希腊·拉丁方"，简称为"拉丁方"。

Aα	Bγ	Cβ
Bβ	Cα	Aγ
Cγ	Aβ	Bα

图3 3×3的九宫格

我们可以把图3中的A、B、C和α、β、γ分别用1、2、3代替，排成两个九宫格，如图4和图5所示。由图可见，这两个九宫格中的数排列就接近现代的数独规则了。因此，有人认为，拉丁方是数独的雏形。当然，它也只能是数独的雏形，因为它的九宫格还没有组成九九相连的现代数独的阵式。

1	2	3
2	3	1
3	1	2

图4 九宫格

1	3	2
2	1	3
3	2	1

图5 九宫格

真正意义上的数独，出现在20世纪70年代。1979年5月，美国的一本数学逻辑杂志上第一次发表了两道数学智力游戏题，当时名为数字排位（Number place），这两道游戏题类似于现在的数独。这两则最早的数独题如图6和图7所示，它由9个相连的九宫组成，原题是这样叙述的："你的任务就是往空格中填入数，使每行、每列及每个九宫的格内都含有1~9这9个数。掌握了这一规则，就能帮助你顺利地做出答案。下面两道题中各有4个画有圆圈的方格，你可以把它们当作填数的首选，不过并非一定如此。"题目下还附有答案的范围。

第一部分 数独简介

○	2	3				7		
		8	4	6			1	
9				5			4	8
5		4	3				2	○
	9		8	7		1		
1		○		4	9			5
	7				6	8		2
8		1	7		2			
	6		3	○			7	1

图 6　最早的数独题（1）○ → 4、6、7 或 8

6			2	5		4		
○	1	2			9		5	
		9		4			8	7
	2		9	3		○		1
		8	1			7	3	
1		3			8	5		
		6	3		4		2	○
5		○			7	9		6
2	4			1				8

图 7　最早的数独题（2）○ → 1、4、5 或 8

那么，这两道最早的数独题是谁创造出来的呢？据说原作者叫哈瓦德·冈恩（Howard Garn），他是一位退休的建筑设计师，已于 1989 年去世，这两道题是他 74 岁高龄时创作的。

可是，这两道题当时在美国并未产生很大的影响，倒是后来被一位日本学者引进日本。1984 年 4 月，日本益智游戏杂志 *Puzzle Tsushin Nikoli* 员工金元信彦接触到

5

美国猜谜书上某版本的数字游戏，认为可以用来吸引读者的眼球，便对其进行改进且增加难度，在该杂志上首先刊登了此类难题，并取名为数独（Sudoku），意即"独立的数字"，推出后一炮打响。

真正把数独推向全世界的是新西兰人韦恩·古德（Wayne Gould），他曾是在香港高等法院任职的法官。1997年3月的一天，退休的古德到东京去旅游，晚上住在酒店里，随手翻看杂志，无意间看到了杂志上刊载的数独游戏。他饶有兴趣地算了一个晚上，深深地迷上了这种数独游戏。从那以后，古德用了6年的时间，设计了数独游戏的计算机程序，还创立了一个提供这种游戏的网站，来自世界各国的网友光顾了他的网站，据说该网站的点击率相当的高。为了进一步提高点击率，提升人气，古德找到了英国的一些媒体，可是开始并不顺利。

终于有一天，《泰晤士报》决定试试看，其主编迈克尔·哈维见了古德，古德向他展示了数独的玩法，嗅觉灵敏的主编在几分钟内就意识到这是一种令人叫绝的游戏，他迅速作出了决定，英国《泰晤士报》于2004年11月12日首次刊登数独，引起了人们极大的关注与兴趣。

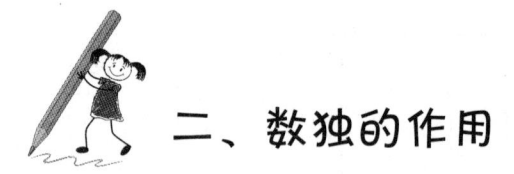

二、数独的作用

近年来，数独逐渐被国人所认识和喜爱，数独谜题在众多报刊上连续刊登，甚至在电视节目的黄金时间也有播出，数独的魅力由此可见一斑。那么这些传统媒体为什么会如此乐意刊登数独呢？答案只有一个，这就是商业作用明显，可以有效地吸引读者，具有类似于小说的连载之类的吸引力。很多读者在看报刊上连载的时候，都会强烈地期盼下一期的内容，这样就会去购买下一期的报刊。读者是上帝、报刊的衣食父母，不论何种报纸、刊物，都以吸引读者为第一要务。像数独这样上手容易，又很吸引人，成本不高的小游戏，自然会受到传媒界的青睐。

经常玩数独到底有什么好处呢？概括起来，有以下几点：

（1）上手很容易，玩起来很方便。只要认识1～9九个数字，不管是老人还是小孩都可以玩。它没有复杂的游戏规则，没有反复的计算，也不用引经据典，只要有一支笔就可玩，而且很轻松地就会掌握一套引人入胜的解题技巧。

（2）可以充分利用零碎时间来玩。玩数独不需要专门安排时间，可以利用休闲的时间玩，如果有事可以马上停下，待事情办完后可再继续玩下去，中途即使没有得到最终的答案，大脑同样可以得到活动和锻炼，并不会影响此后的解题。不论是开会的间隙，还是在飞机上、火车上、轮船上，或是在医院里候诊……都可以玩数独。

（3）数独虽然主要是由数字构成，但并不是算术，本质上它是一种逻辑推理过程。在解数独的过程中，脑海里充满了"因为""所以""如果""那么""肯定""可能""只有""可以""一定""不一定""一定不会""当然""能够"等一系列判断，这对我们的逻辑思维的训练作用巨大，意义深远。

（4）玩数独可增进身体健康和益智。经常玩数独游戏有助于青少年智力开发；成年人玩数独，可以强化智力，培养推理和反应能力，加强记忆力；老年人玩数独，可以增强脑细胞的活力，可取得延年益寿的效果。

（5）为了完成一道数独题，需要玩者在相当长的一段时间内全神贯注坐下来，短时间里大脑活动剧烈、思维连贯，要求注意力集中，不能够分心，有益于培养玩者的脑力、意志力、聚焦力等，对培养学生良好的学习习惯尤其有益。

（6）可以激发和恢复人的脑神经，有"头脑体操"之称，医生甚至认为玩数独可以降低老年人患老年痴呆症和帕金森综合症的概率。

（7）几个人在一起玩同一道数独题，你一言我一语，相互切磋，既交流了感情，又活跃了气氛。

三、数独的构造

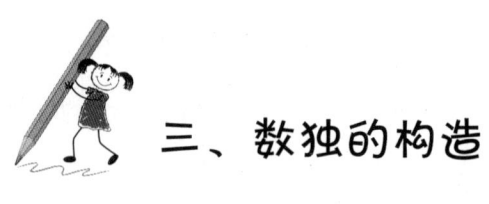

目前，普遍流行的数独是由"9×9=81"个小方格构成的智力填数字游戏，这些小方格被分成9行、9列和9个九宫格（图8~图10）。

图8 数独的行

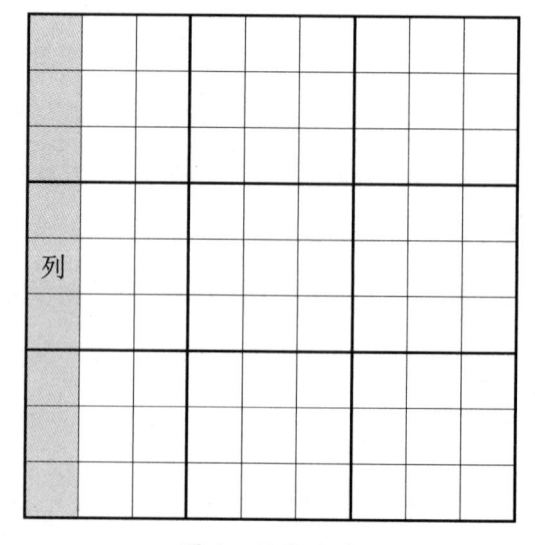

图9 数独的列

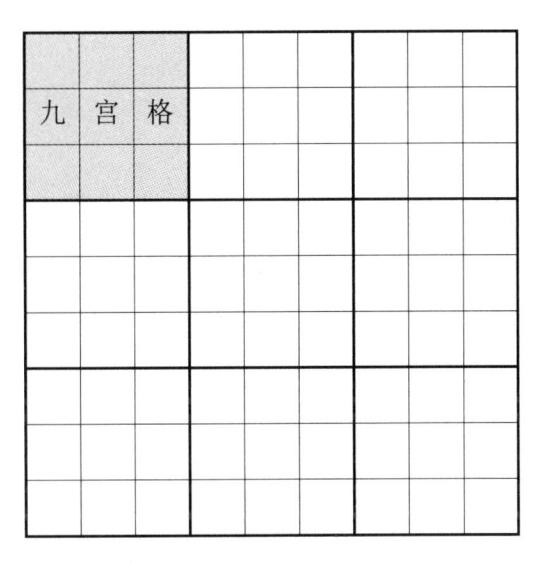

图 10 数独的九宫格

其中，正中央的方格叫作中央格，四个顶角上的方格叫作顶角格（图 11）。

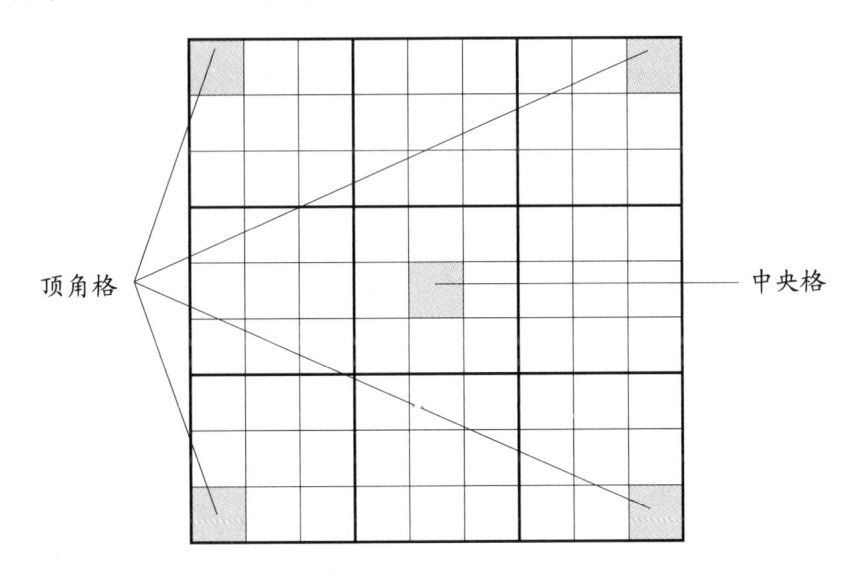

图 11 数独的中央格和顶角格

每个小方格都有与其所在行、列和九宫格相关联的 20 个小方格，称为相关 20 格（图 12）。

图 12　每个小方格都有与其所在行、列和九宫格相关联的 20 个小方格

第二部分

数独游戏规则、解题方法与谜题

一

四字(4×4) 常规数独

(NO.1~NO.60)

四字（4×4）常规数独的规则与解题方法

1. 四字（4×4）常规数独的规则

（1）每行4个小方格中的数字，1～4不重复；

（2）每列4个小方格中的数字，1～4不重复；

（3）4个2×2的小方格中数字，1～4不重复。

2. 解题方法

四字常规数独是最初级的数独，是专门为低龄儿童及中老年初学者设计的。如图1-1所示，图中谜题给出6个已知数，做题时还需填入10个数字，使该数独中每行、每列、每个四宫格中只出现1～4之内的数字，而且每个数字只能出现一次，不能重复，也不能减少，如图1-2所示。

	2		
3			1
			4
4		1	

图1-1 四字常规数独谜题

1	2	4	3
3	4	2	1
2	1	3	4
4	3	1	2

图1-2 四字常规数独答案

解题方法较多，有行或列"三缺一"法（如图1-3）、四宫格"三缺一"法（如图1-4）、"二筛一"法（如图1-5）、"三筛二"法（如图1-6）和"排除法"（如图1-7）等。

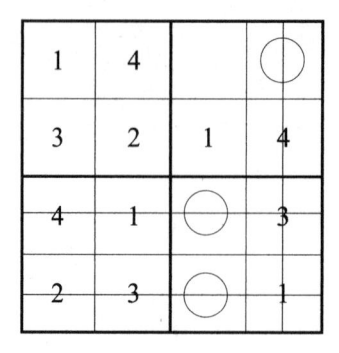

图 1-3 "三缺一"解题方法

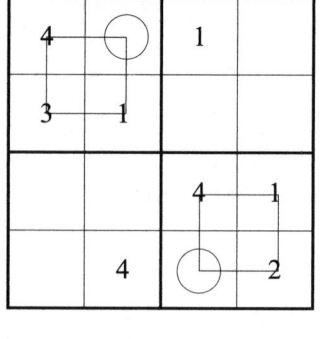

图 1-4 四宫格"三缺一"解题法

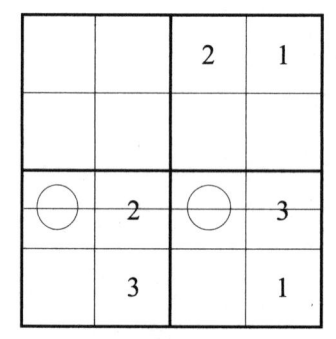

图 1-5 "二筛一"解题法

图 1-6 "三筛二"解题法

图 1-7 "排除法"解题法

第二部分 数独游戏规则、解题方法与谜题

NO. 1

	2		
1			
	3		4
		3	

NO. 2

			1
		4	
	3		4
2			

NO. 3

	1		
			2
3			4

NO. 4

2		3	
			2
1			
	4		

NO. 5

2			3
	4		
1			4
		2	

NO. 6

2			1
		3	
	2	1	
4			3

NO. 7

		4	1
	1		3
3			

NO. 8

1			3
	2		
		3	
			4

NO. 9

	2	3	
4			1
		4	2

NO. 10

2			
	3	1	
	2	4	
			3

NO. 11

			3
3		2	
		1	
4			

NO. 12

	1		
			2
1			
		3	

15

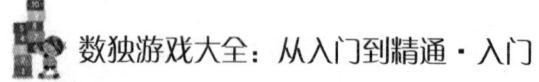

NO. 13

1			
		2	
		1	
4			

NO. 14

		1	2
			1
	4		
3			

NO. 15

1			3
	3	2	

NO. 16

	1		
		2	
	2		
		4	

NO. 17

1	3		
		3	2

NO. 18

			2
	1	3	
	4		
1			

NO. 19

3			
	2	1	
	4	3	
1			

NO. 20

			1
4			
2			
		3	

NO. 21

		2	
	3		
			1
	2		

NO. 22

		1	
			4
4		3	
	2		

NO. 23

		3	
	1		
4			2

NO. 24

3			
			4
		4	
	2		3

NO. 25

			4
	4		
		2	
3			

NO. 26

		1	
4			
			2
		3	

NO. 27

	3		
			2
			4
	4		

NO. 28

3			2
		4	
	2	3	
1			

NO. 29

	2		
		2	1
	3		
4			

NO. 30

4			
	2		4
1		4	
			1

NO. 31

	4		3
3			
	3		2
	1	3	

NO. 32

	4		
		1	3
4		3	
		2	

NO. 33

	2		
4			
			3
2			4

NO. 34

2		3	
	3		1

NO. 35

1		4	
			3
4			1

NO. 36

			2
		4	1
4	2		
3			

NO. 37

2			
		4	
	1		
			3

NO. 38

			1
	2		
	3		
			4

NO. 39

1			
3			2
			4

NO. 40

1			3
	3		
		1	
2			4

NO. 41

1			2
		1	
	2		
4			3

NO. 42

			4
	1		
	2		
3			1

NO. 43

	1		
	3		
			3
			2

NO. 44

	2		
		3	
	4		
		1	

NO. 45

		1	2
		3	
	2		
3	4		

NO. 46

4			2
	1		
		2	
			3

NO. 47

2			4
	1	2	
	4	3	

NO. 48

	1		
		1	3
	3		4
4			

NO. 49

		4	
2			
		1	
	3		

NO. 50

			1
	1	3	
3			4

NO. 51

		3	
3			
	4		
			1

NO. 52

	4	3	2
	2		
		2	1
	1		

NO. 53

3		1	
			3
	1		
4			

NO. 54

			1
2			
4			
			3

NO. 55

	3		
			1
			2
	4		

NO. 56

1			
	2		
		4	
2			3

NO. 57

1			3
		4	
	1		
2			4

NO. 58

	4	1	2
1	2	3	

NO. 59

			1
	2	4	
2			
		4	1

NO. 60

	1		
			2
3			
		4	

19

二

四字（4×4）另类四宫阵数独之一——中心四宫阵

(NO.61~NO.120)

四字（4×4）另类四宫阵数独之一——中心四宫阵的规则与解题方法

1. 中心四宫阵数独的规则

（1）每行4个小方格中的数字，1~4不重复；

（2）每列4个小方格中的数字，1~4不重复；

（3）4个2×2的小方格中数字，1~4不重复；

（4）中心四宫阵中的4个小方格中的数字，1~4不重复；

（5）4个顶角的小方格中的数字，1~4不重复。

2. 解题方法

解题方法与四字常规数独解题方法相同，但比四字常规数独多了两个条件，即性质（4）和（5）。虽然条件有所增加，限制条件也更多，解题也就变得更为容易了。如图2-1中的中心四宫阵，给出了5个已知数，共缺11个数字待填。首先看到的是中心四宫阵是"三缺一"，填入数字3后，再用"四缺二"法和"二筛一"法等，便很容易解题了。

图 2-1 中心四宫阵解题法

NO. 61

1	4		
		4	
	3	1	2

NO. 62

4	1		
			4
3	2		
		2	

NO. 63

		2	
1		2	
			4
4		1	

NO. 64

2		3	
	3		
	4		3
3			

NO. 65

		4	2
	4		1
4		2	

NO. 66

1	3		4
			2
	1		

NO. 67

			4
4	2		
		4	
		3	2

NO. 68

	4		
3		4	2
	2		
			1

NO. 69

1			3
		2	
	3	1	
4			

NO. 70

	4		3
	2		
	1		
		1	2

NO. 71

4			
2	3		
			3
	4		1

NO. 72

			2
	1		
1		2	3
	2		

NO. 73

		2	1
	2		
4		3	
	3		

NO. 74

	4		3
	3		2
2		3	

NO. 75

		3	
			2
		2	1
1	2		

NO. 76

			4
4	3		
		4	
1		2	

NO. 77

1			3
		4	
2	3		
		3	

NO. 78

1			
		2	
	3	1	2
		3	

NO. 79

		1	
	1		4
	2		
3			1

NO. 80

4	1		2
	2	1	
1			

NO. 81

	2	4	
			3
4			
		1	4

NO. 82

	4	2	
1			3
2			
		1	

NO. 83

2			4
	3		
3		2	1
		2	

NO. 84

			4
	1		2
		2	
3		4	

23

NO.85

1			4
	3		
		4	
2			3

NO.86

1			4
		2	
	4		
2			3

NO.87

			4
	2	3	
	4	1	
			3

NO.88

4		2	
		1	
2			1
		4	

NO.89

	1	2	
3			4
	3	4	
1			

NO.90

4			3
	1		
2		4	
		3	

NO.91

3			2
		4	
	2		
4			1

NO.92

3			2
		4	
	2		
4			1

NO.93

	1	4	
			3
1	2		
		2	

NO.94

			1
	4		2
4		1	
	1		

NO.95

1	4		
		2	3
3			4

NO.96

2	4		
		4	
	1	2	
			4

NO. 97

2		4	
1			
		2	
3			4

NO. 98

	2		
4			1
3			
	1	4	

NO. 99

	2	1	
	4	3	
3			2

NO. 100

	3		2
			4
2	1		
		2	

NO. 101

	4	1	
			3
1			4
	2		

NO. 102

1			
	2	4	
	3	1	
4			2

NO. 103

1			2
		3	
	1		
3			4

NO. 104

		3	
2			1
3			4
	1		

NO. 105

3			1
		4	
	2	3	
4			

NO. 106

	2		3
	3		
3		4	
			1

NO. 107

	1		2
3			
		4	
1		2	

NO. 108

4			
	1	2	4
	4		3

NO. 109

			3
	4		
4		2	
	1	3	

NO. 110

			4
4	1		
		2	
3			1

NO. 111

	4	2	
			3
	1		
2		1	

NO. 112

			4
	3	2	
	4		
1			3

NO. 113

	1		3
3			
		2	4
	2		

NO. 114

		2	
4			
	4		3
	1		2

NO. 115

			2
	4	3	
	1		
			4

NO. 116

2			3
3			
		4	
		3	1

NO. 117

	4	3	
2			
			1
4		2	

NO. 118

	4	2	
1			
2			3
		2	

NO. 119

		2	
2	1		
			3
3	4		

NO. 120

	4	2	
3			
	3		1
	1		

三

四字(4×4)另类四宫阵数独之二——对角线四宫阵

(NO.121~NO.180)

四字（4×4）另类四宫阵数独之二——对角线四宫阵的规则与解题方法

1. 对角线四宫阵数独的规则

（1）每行4个小方格中的数字，1～4不重复；

（2）每列4个小方格中的数字，1～4不重复；

（3）4个2×2的小方格中数字，1～4不重复；

（4）中心四宫阵中的4个小方格中的数字，1～4不重复；

（5）4个顶角的小方格中的数字，1～4不重复；

（6）两条对角线上的4个小方格中的数字，1～4不重复。

2. 解题方法

四字（4×4）对角线四宫阵数独与四字常规数独的外形完全相同，不同之处在于它除了每行、每列、中心四宫阵和4个顶角的小方格的数字1～4不重复之外，还必须保证两条对角线上4个小方格中的数字，也是1～4不重复，如图3-1所示，参照中心四宫阵数独的解题方法，再加上两条对角线上的4个小方格中的数字，1～4不重复的性质，很容易解题。

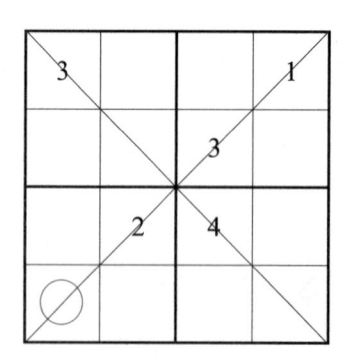

图 3-1 对角线四宫阵数独解题法

第二部分 数独游戏规则、解题方法与谜题

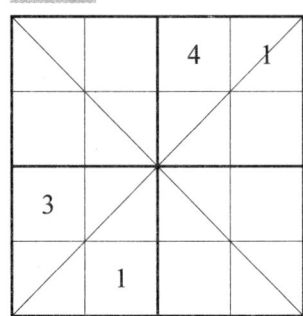

NO. 121

NO. 122

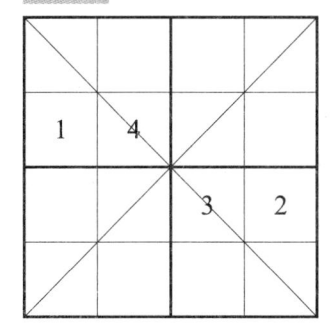

NO. 123

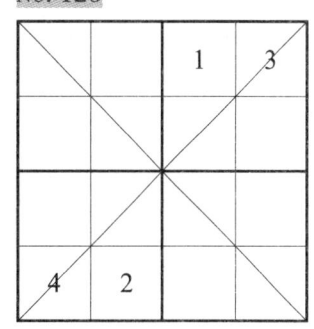

NO. 124

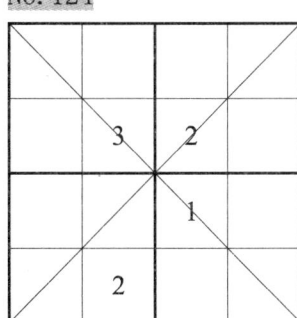

NO. 125

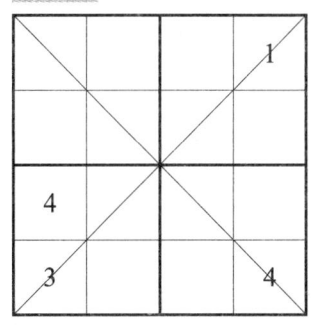

NO. 126

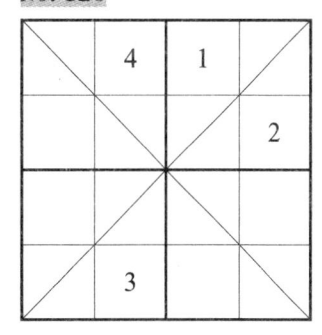

NO. 127

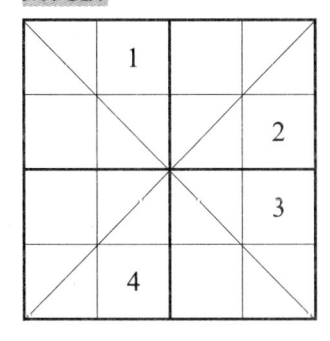

NO. 128

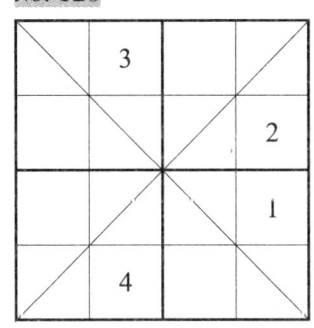

NO. 129

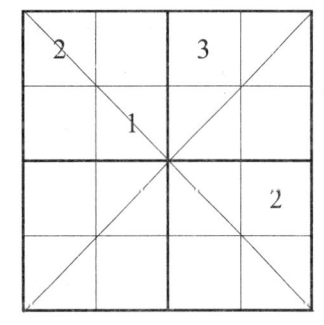

NO. 130

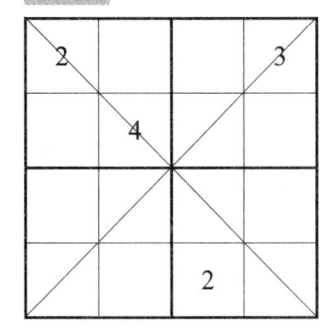

NO. 131

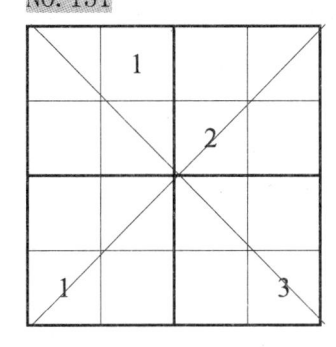

NO. 132

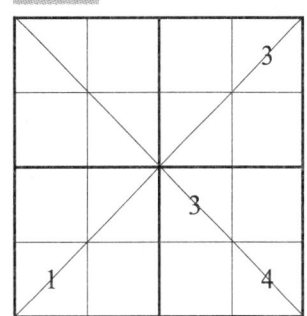

NO. 133

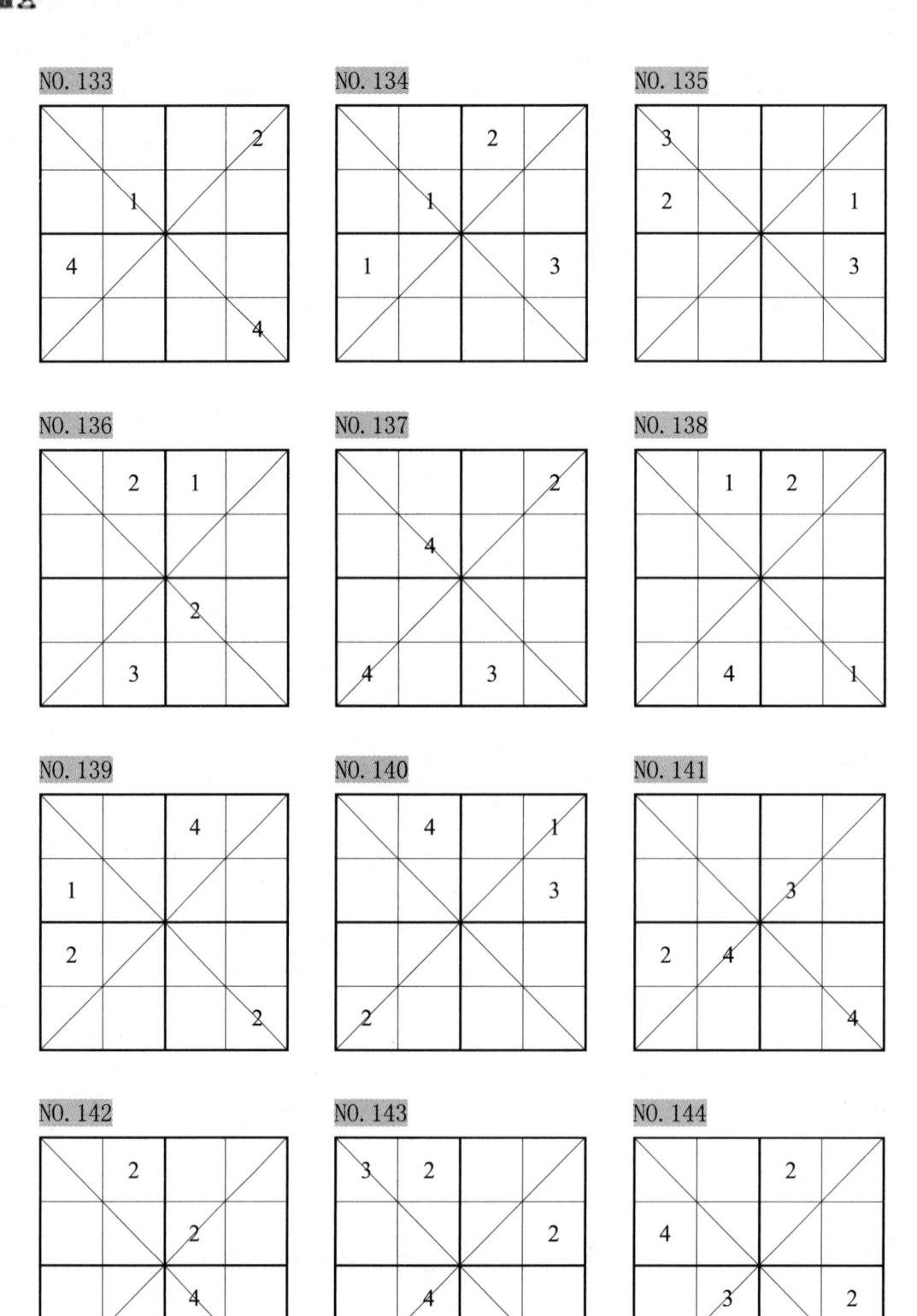

NO. 134

NO. 135

NO. 136

NO. 137

NO. 138

NO. 139

NO. 140

NO. 141

NO. 142

NO. 143

NO. 144

第二部分 数独游戏规则、解题方法与谜题

NO. 145

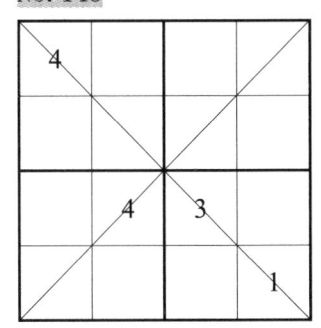

NO. 146

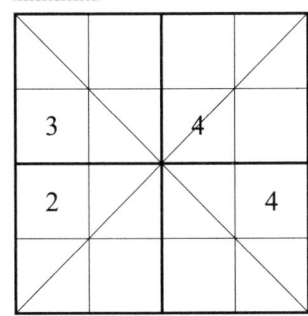

NO. 147

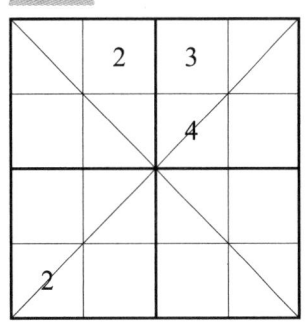

NO. 148

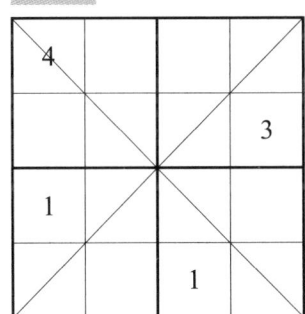

NO. 149

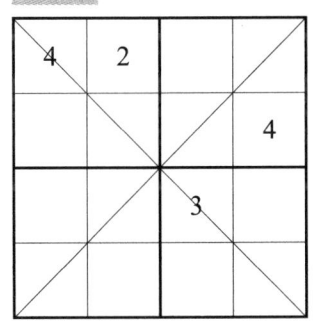

NO. 150

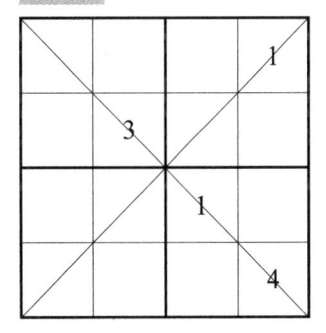

NO. 151

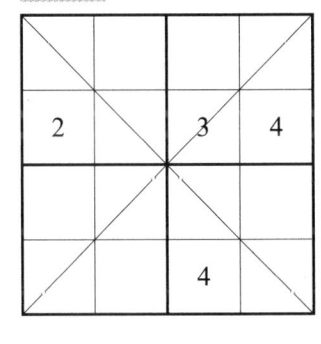

NO. 152

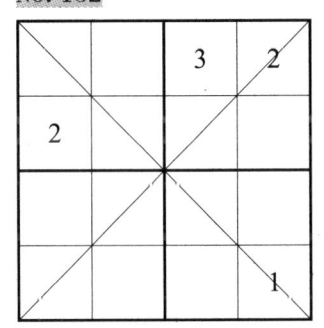

NO. 153

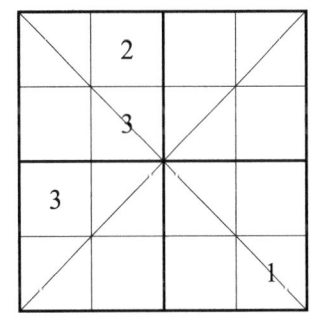

NO. 154

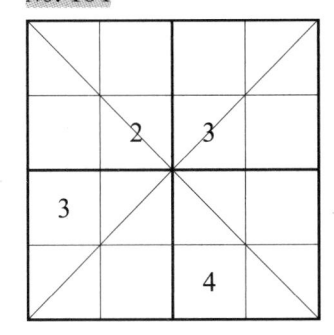

NO. 155

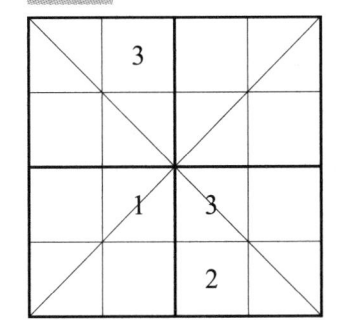

NO. 156

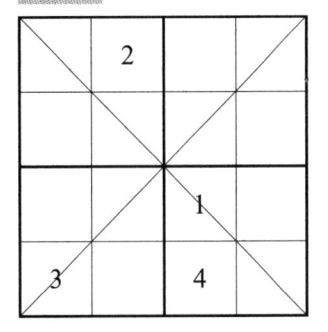

31

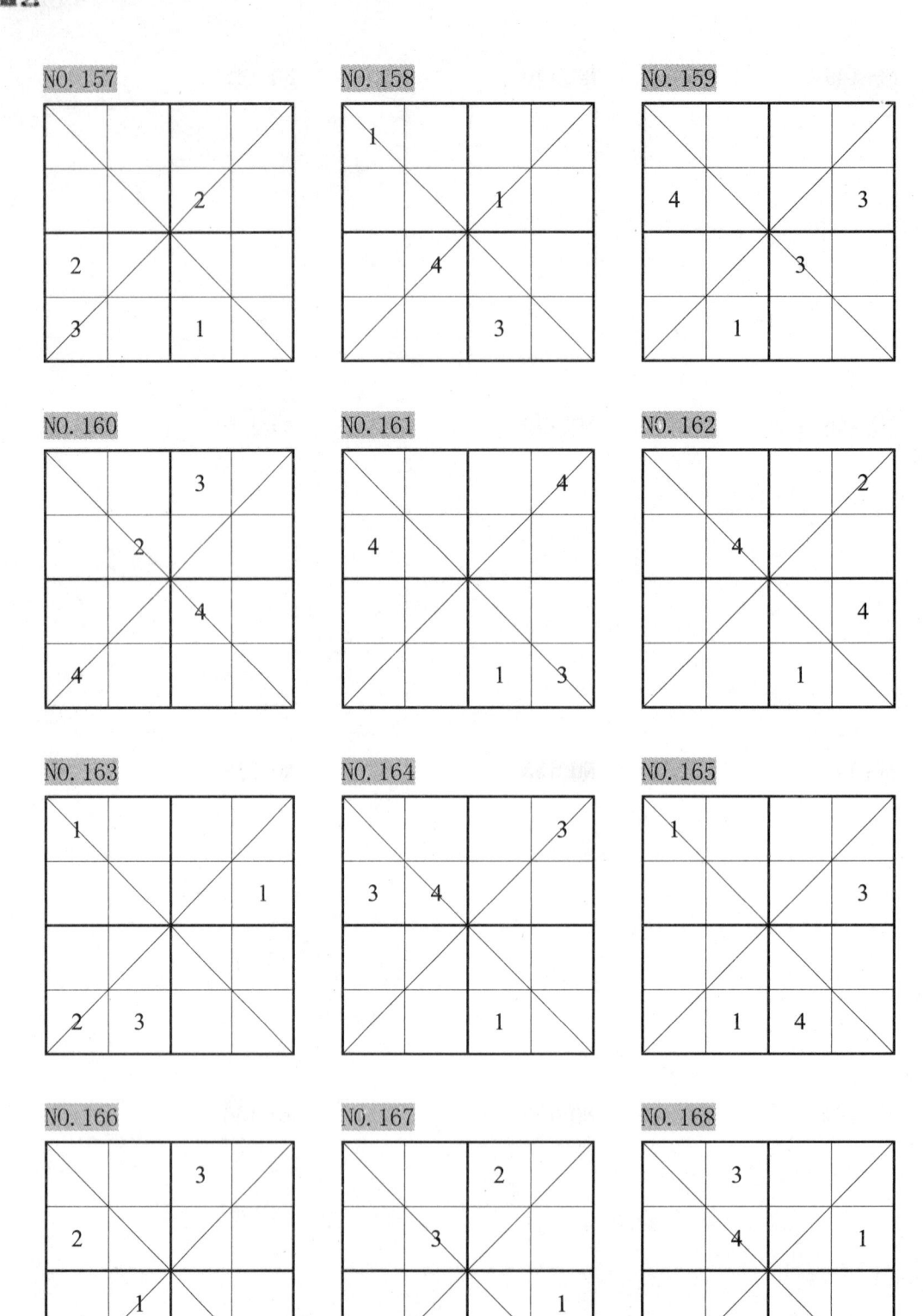

NO. 157

NO. 158

NO. 159

NO. 160

NO. 161

NO. 162

NO. 163

NO. 164

NO. 165

NO. 166

NO. 167

NO. 168

NO. 169

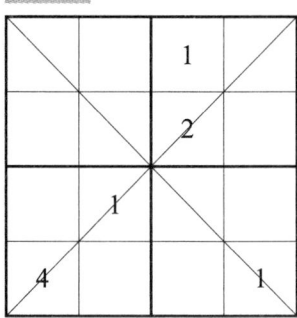

		1	
		2	
	1		
4			1

NO. 170

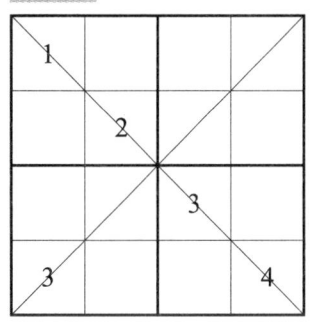

1			
	2		
		3	
3			4

NO. 171

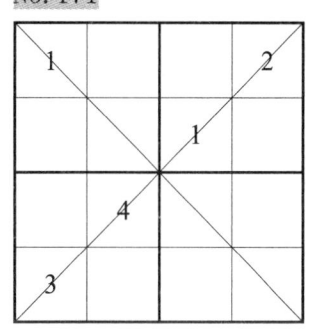

1			2
		1	
	4		
3			

NO. 172

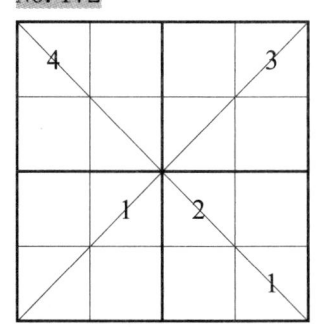

4			3
	1	2	
			1

NO. 173

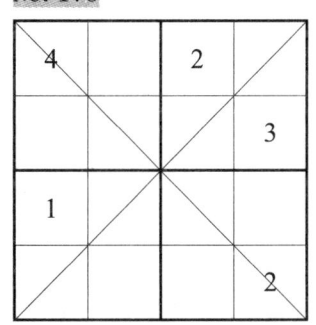

4		2	
			3
1			
			2

NO. 174

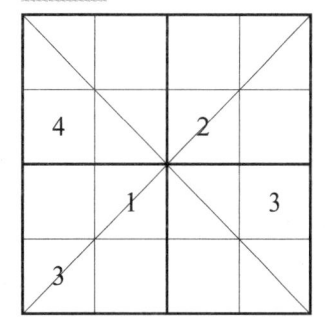

4			2
	1		3
3			

NO. 175

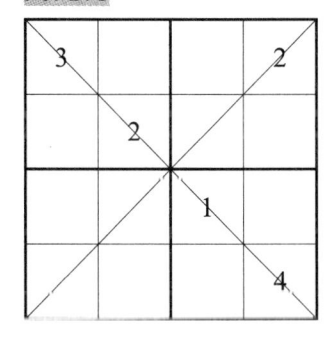

3			2
	2		
		1	
			4

NO. 176

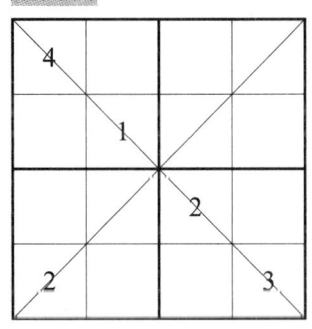

4			
	1		
	2		
	2		3

NO. 177

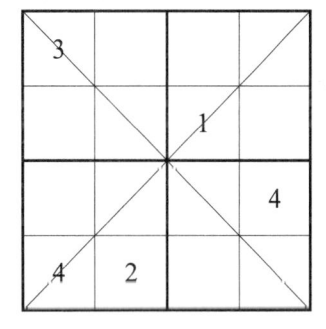

3			
		1	
			4
	4	2	

NO. 178

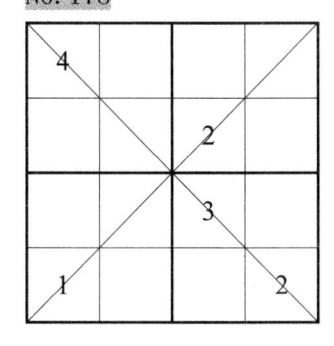

4			
	2		
		3	
1			2

NO. 179

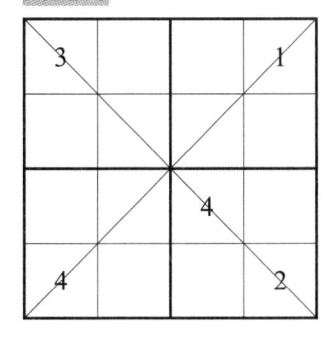

3			1
		4	
4			2

NO. 180

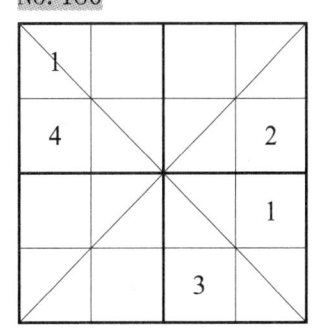

1			
4			2
			1
		3	

四字（4×4）另类四宫阵数独

之三——异形四宫阵

(NO.181~NO.240)

四宫（4×4）另类四宫阵数独之三——异形四宫阵的规则与解题方法

1. 异形四宫阵数独的规则

（1）每行4个小方格中的数字，1~4不重复；

（2）每列4个小方格中的数字，1~4不重复；

（3）每个异形宫内4个小方格中的数字，1~4不重复。

2. 解题方法

异形四宫阵是指带异形宫的四宫阵，其外形也是4×4共16个小格子，但是它内部4个宫的格子不是田字形，而是其他形状，如图4-1、图4-2为异形四宫阵的两个例子，它们的4个宫阵用粗线标示。

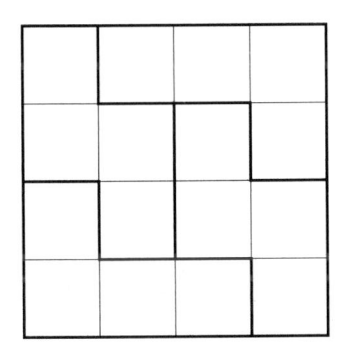

图 4-1 异形四宫阵 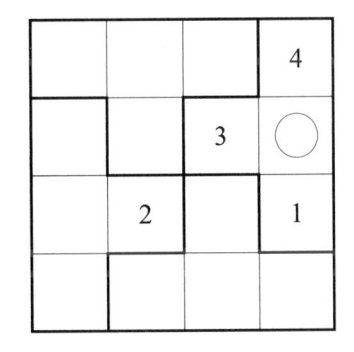　　　　图 4-2 异形四宫阵解法

如图4-2所示，该四宫阵中共填有4个数字（4、3、2、1），还缺12个数。为方便起见，先看右边那个异形四宫阵，它有4、3、1，显然是"三缺一"，第四列也是"三缺一"。按照同样的方法，便可填上其余的数字。

NO. 181

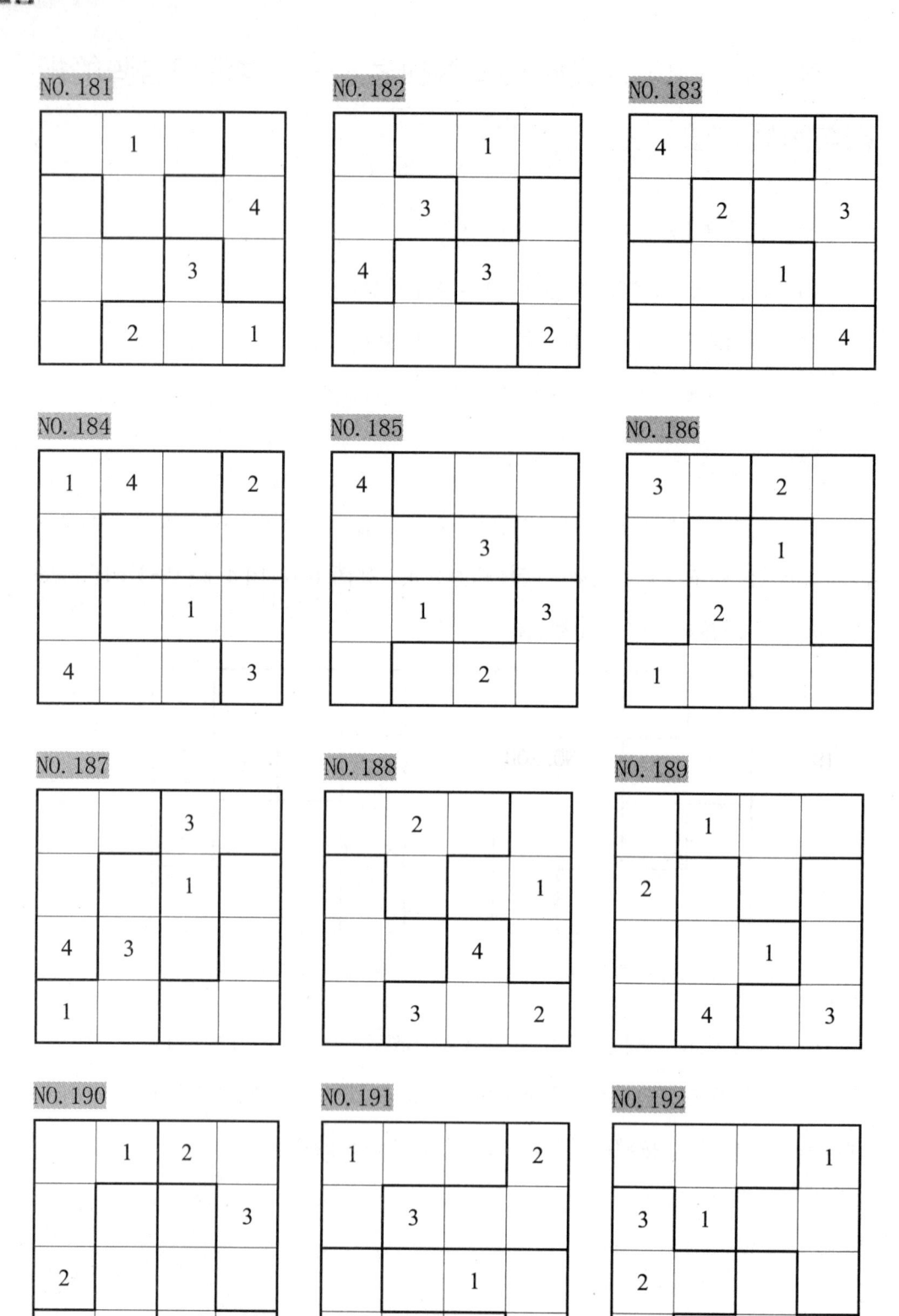

	1		
			4
		3	
	2		1

NO. 182

		1	
	3		
4		3	
			2

NO. 183

4			
	2		3
		1	
			4

NO. 184

1	4		2
		1	
4			3

NO. 185

4			
		3	
	1		3
		2	

NO. 186

3		2	
		1	
	2		
1			

NO. 187

		3	
		1	
4	3		
1			

NO. 188

	2		
			1
		4	
	3		2

NO. 189

		1	
2			
		1	
	4		3

NO. 190

	1	2	
			3
2			
		4	

NO. 191

1			2
	3		
		1	
4			

NO. 192

			1
3	1		
2			
		2	4

NO. 193 / **NO. 194** / **NO. 195** / **NO. 196** / **NO. 197** / **NO. 198** / **NO. 199** / **NO. 200** / **NO. 201** / **NO. 202** / **NO. 203** / **NO. 204**

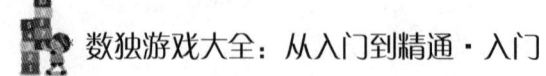

NO. 205

3			4
		2	
		3	
2			1

NO. 206

3			
		2	
	4		2
		1	

NO. 207

	2		
			1
		4	
	3		2

NO. 208

1			2
			3
2	4		

NO. 209

	4		3
2			
			4
		1	

NO. 210

3			4
	1		
		3	
2			

NO. 211

	1		
	2		3
4			1

NO. 212

1			3
			4
	4		

NO. 213

	3		
			2
		1	
	4		3

NO. 214

	2		
		1	
2			4
3			

NO. 215

4		3	
		2	
	3		
	2		

NO. 216

1		4	
		3	
	4		
3			

NO. 217

2			
		1	
	3		1
		4	

NO. 218

		1	
		2	
4	3		
			4

NO. 219

		3	
2			1
	4		
			4

NO. 220

2			
	3		4
		4	
	1		

NO. 221

	2	3	
			4
3			
		1	

NO. 222

	4		
1			
		4	
	3		2

NO. 223

	3		
1			2
			3
		4	

NO. 224

2			3
			4
3	1		

NO. 225

3	2		
		4	3
		4	

NO. 226

	1		
		2	
4	3		
			4

NO. 227

4			1
		2	
		4	
3			

NO. 228

	2		
		2	
	1		
	4		1

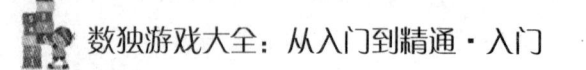

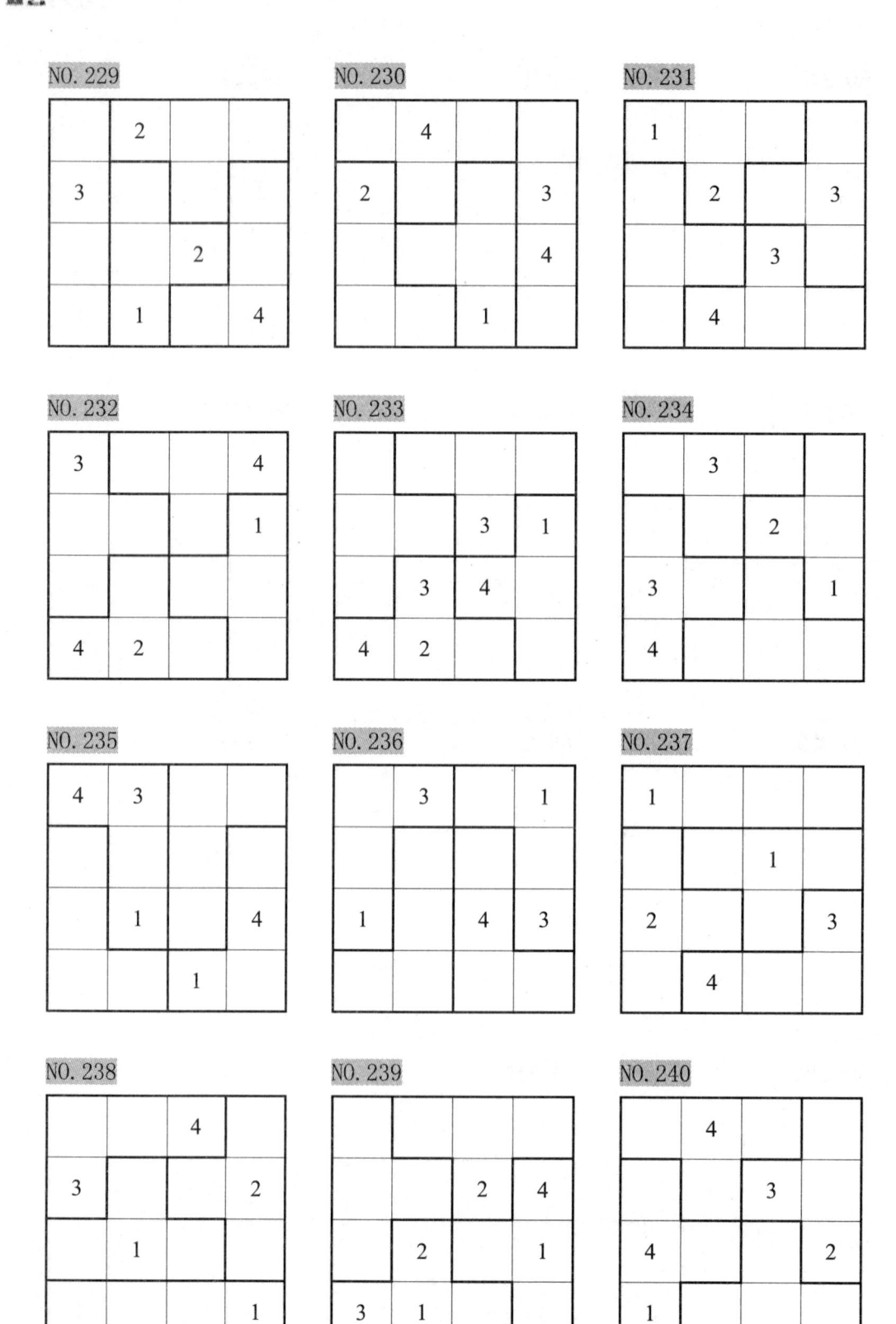

NO. 229

	2		
3			
		2	
	1		4

NO. 230

		4	
2			3
			4
		1	

NO. 231

1			
	2		3
		3	
	4		

NO. 232

3			4
			1
4	2		

NO. 233

		3	1
		3	4
4	2		

NO. 234

	3		
		2	
3			1
4			

NO. 235

4	3		
	1		4
		1	

NO. 236

	3		1
1		4	3

NO. 237

1			
		1	
2			3
	4		

NO. 238

		4	
3			2
	1		
			1

NO. 239

	2	4	
	2		1
3	1		

NO. 240

	4		
		3	
4			2
1			

五

四字（4×4）连体数独

(NO.241~NO.302)

四字（4×4）连体数独

连体数独就是将几个数独连在一起。四字连体数独只有双连体，又称为"双胞胎"数独，因为它仍是两个数独连在一起，就像双胞胎一样，如图 5-1 所示。连接的方式是将其中各一宫叠合在一起。这是初级双连体数独。它的性质与解题方法与普通的四字数独相同。

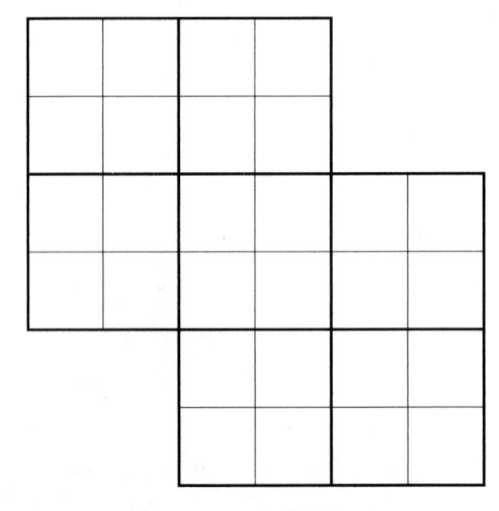

图 5-1　四字连体数独

第二部分 数独游戏规则、解题方法与谜题

NO. 241

NO. 242

NO. 243

NO. 244

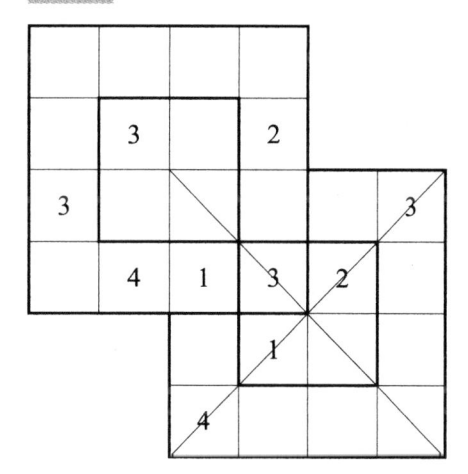

NO. 245

NO. 246

43

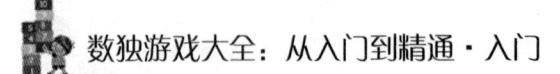

NO. 247

NO. 248

NO. 249

NO. 250

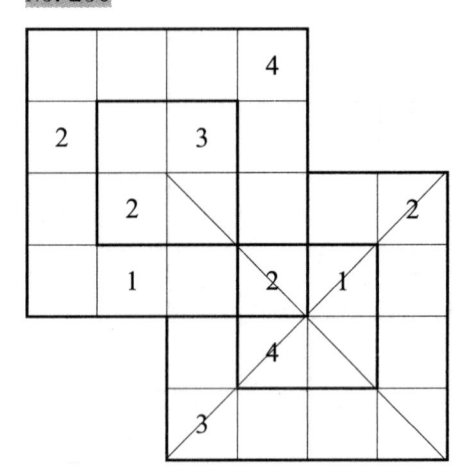

NO. 251

NO. 252

NO. 253

NO. 254

NO. 255

NO. 256

NO. 257

NO. 258

NO. 259

NO. 260

NO. 261

NO. 262

NO. 263

NO. 264

NO. 265

NO. 266

NO. 267

NO. 268

NO. 269

NO. 270

NO. 271

NO. 272

NO. 273

NO. 274

NO. 275

NO. 276

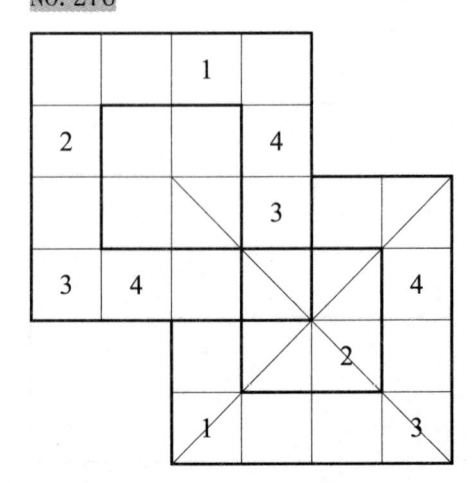

NO. 277

			4		
		1			
3	4				4
	2		3	2	
		1		4	3

NO. 278

			1		
	2	4			
		3		1	
4	3			4	
			1	3	

NO. 279

	4	2			
3		1			
	3			2	
			2		1
		1			2

NO. 280

			1		
	2	4			
		3			
4	3			4	
				2	
			2	1	3

NO. 281

2			3		
	4				
		2			
4			1		
				1	3
				4	

NO. 282

4					
	2	3			
	4	1			2
				2	
				3	1

NO. 283

NO. 284

NO. 285

NO. 286

NO. 287

NO. 288

第二部分 数独游戏规则、解题方法与谜题

NO. 289

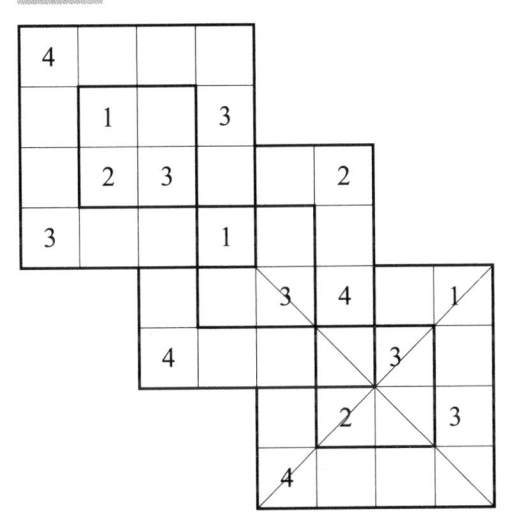

NO. 290

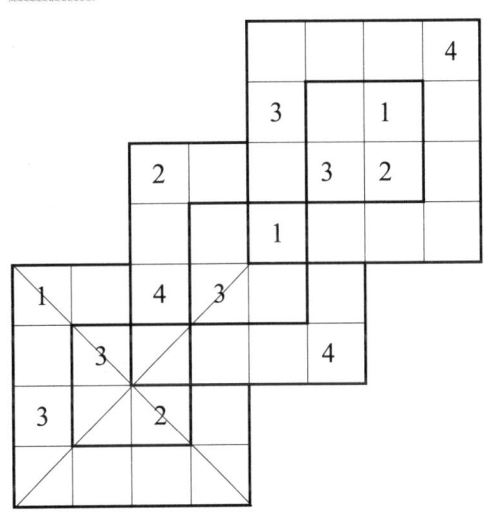

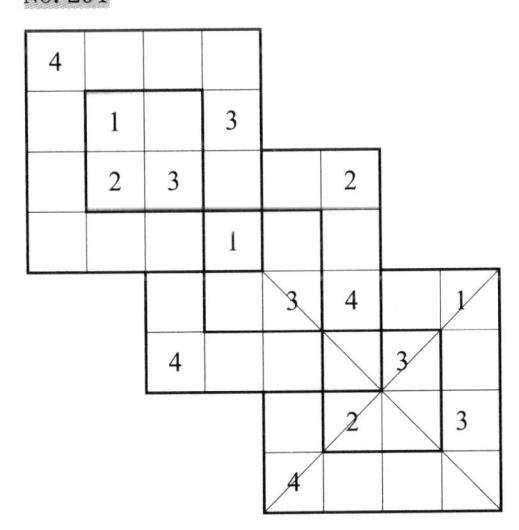

NO. 291

NO. 292

51

NO. 293

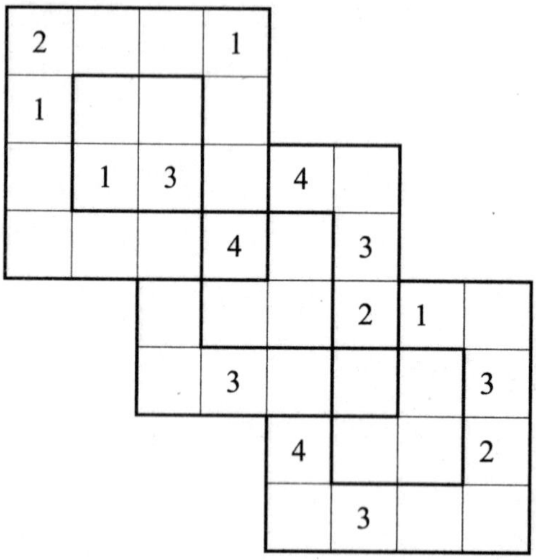

NO. 294

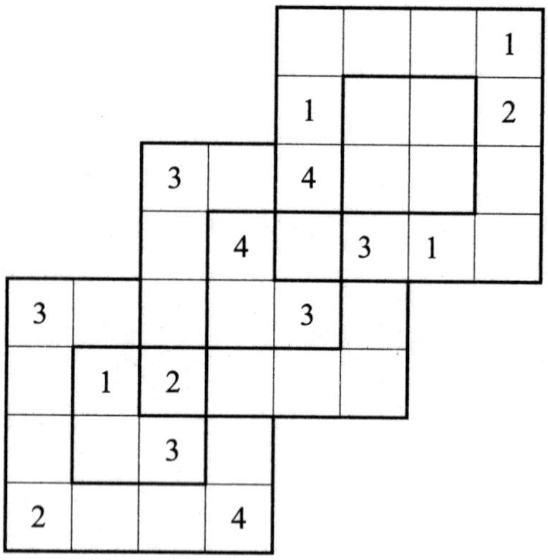

NO. 295

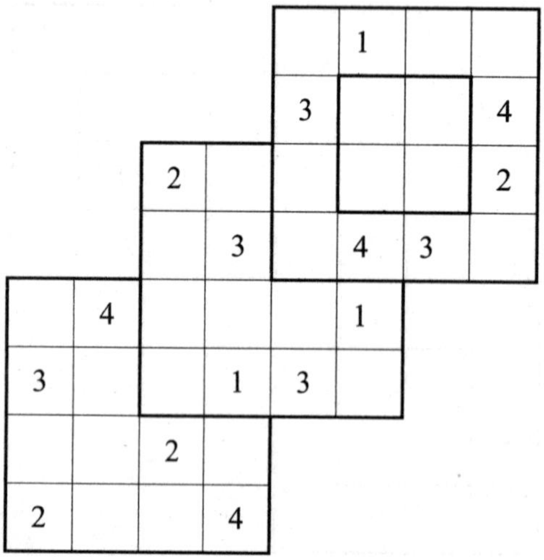

NO. 296

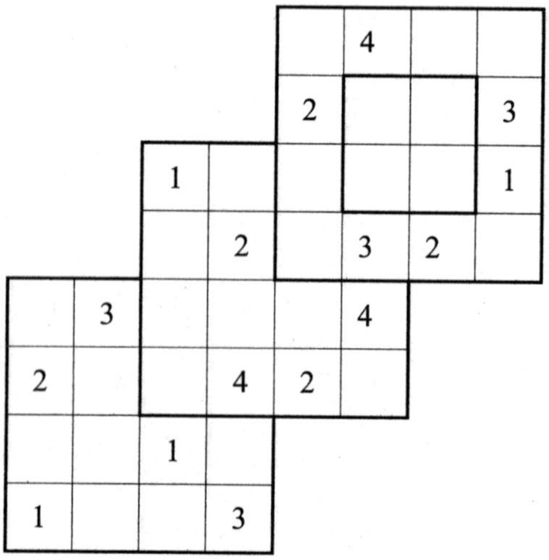

第二部分 数独游戏规则、解题方法与谜题

NO. 297

NO. 298

NO. 299

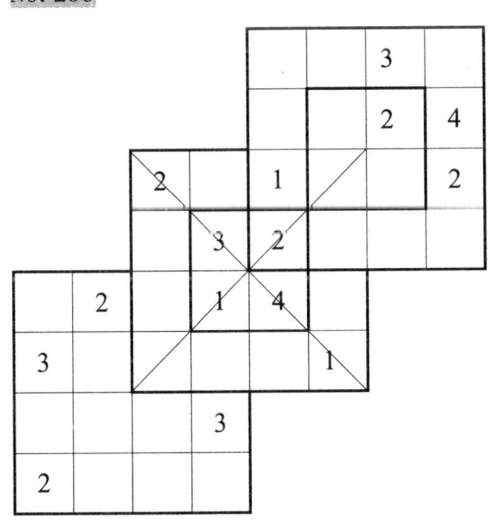

NO. 300

53

NO. 301

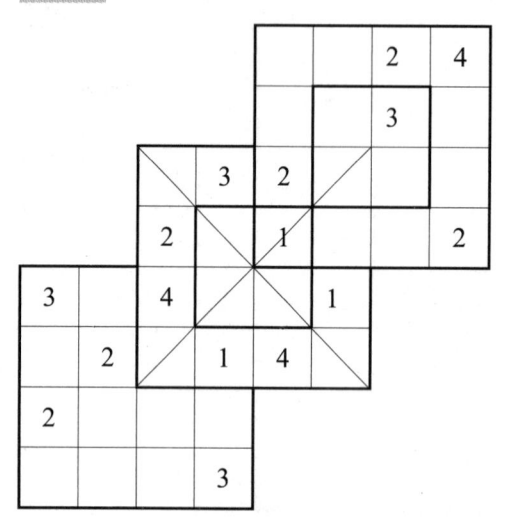

NO. 302

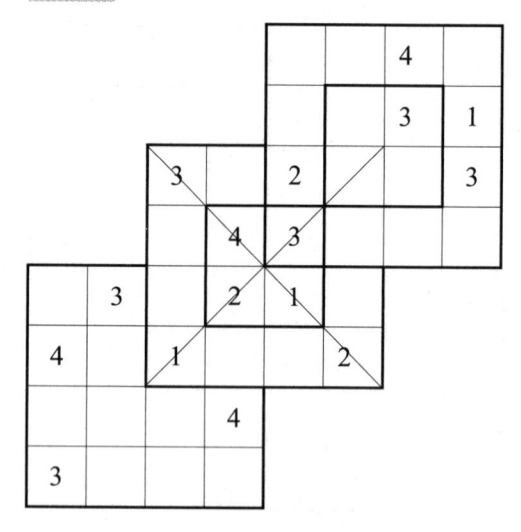

六

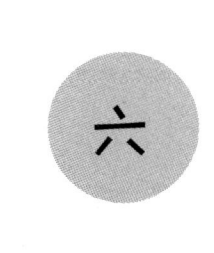

五字（5×5）常规数独

（NO.303~NO.374）

五字（5×5）常规数独的规则和解题方法

1. 五字常规数独的规则

（1）每行5个小方格中数字，1～5不重复（如图6–1所示）；

（2）每列5个小方格中数字，1～5不重复（如图6–1所示）；

（3）两条对角线上5个小方格中数字，1～5不重复（如图6–1所示）；

（4）全部折断对角线上5个小方格中数字，1～5不重复（如图6–2所示）；

（5）任意一格中的数字与其周边相邻的8格中的数字都不相同（如图6–3所示）；

（6）全部“十”字形上5个小方格中的数字，1～5不重复（如图6–4所示）；

（7）全部斜“十”字形上5个小方格中的数字，1～5不重复（如图6–5所示）。

4	1	3	2	5
2	5	4	1	3
1	3	2	5	4
5	4	1	3	2
3	2	5	4	1

图6–1　五字对角线数独

		4	1	3	2	5	4	1
		2	5	4	1	3	2	5
		1	3	2	5	4		
3	2	5	4	1	3	2		
4	1	3	2	5	4	1		

图6–2　五字折断对角线数独

1	4	3	2	5
2	5	1	4	3
4	3	2	5	1
5	1	4	3	2
3	2	5	1	4

图6–3　五字数独性质之（5）

5	4	1	2	3
2	3	5	4	1
4	1	2	3	5
3	5	4	1	2
1	2	3	5	4

图6–4　五字数独性质之（6）

2	⑤	3	①	4
1	4	②	5	3
5	③	1	④	2
4	2	5	3	1
3	1	4	2	5

图 6-5　五字数独性质之（7）

2. 解题方法

解题方法见图 6-6 中所标的前后次序，一步一步地解，圆圈中的数字为给出的 8 个已知数，用数字右上角的小字表示所填数字的前后次序。

①	3	2^1	4^2	5
④	⑤	1^3	3^4	2^5
3^{13}	2^{10}	4^8	5^7	①
5^{14}	1^{16}	3^9	②	4^{12}
2^{15}	4^{17}	⑤	1^6	3^{11}

图 6-6　五字常规数独解题次序

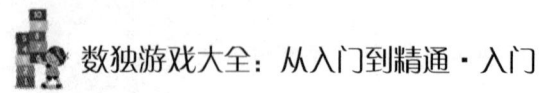

NO. 303

4		1		
	3	4	2	
	1			
3				
				2

NO. 304

	2		4	
4		5		1
	1			5
		3		

NO. 305

	3	1		4
5		2	3	
	1			2

NO. 306

	5	4	3	1
	1			
		3		
		5	4	

NO. 307

		3		4
4	2	5		1
		2		

NO. 308

			1	
2			4	
		1	3	
				2
	2		5	

NO. 309

		1		
5				
	1		3	
		4		
	5		3	4

NO. 310

	4	1		
		2		
	1		5	
			4	
				2

NO. 311

2		1		
4				1
	1		3	
			5	
	4			

NO. 312

	1	2	4	
		5	1	
		4	3	

NO. 313

			3	
3	2	4		
1		3		
			5	
			2	

NO. 314

		3		1
	1		4	
		2		
5				
			5	4

NO. 315

		4		
	3			
1		5		
			4	
		5		2

NO. 316

2		3		
	4			3
			4	
	2			
		5		

NO. 317

			3	
				1
5		1		
		4	2	1

NO. 318

3		4		2
	2		1	
		5		
				3

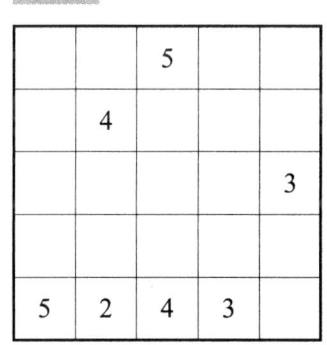

NO. 319

		5		
	4			
				3
5	2	4	3	

NO. 320

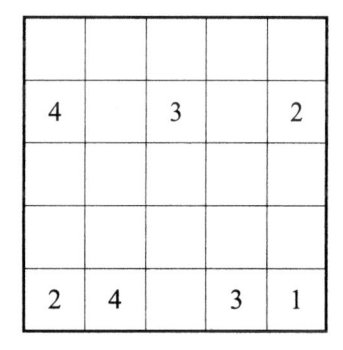

4		3		2
2	4		3	1

NO. 321

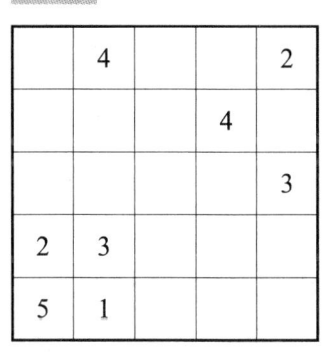

	4			2
			4	
				3
2	3			
5	1			

NO. 322

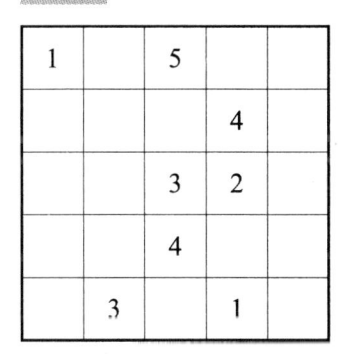

1		5		
			4	
		3	2	
		4		
	3		1	

NO. 323

				4
	2	1		
	5			
2				5
	4			

NO. 324

	3		5	
5		1		
		4	2	1
		2		

NO. 325

		5		
	3			
				1
3		4		2
	2		1	

NO. 326

			2	4
5	2	4	3	
3				
	4			

NO. 327

		4	5	
2	4		3	1
	5		1	

NO. 328

1		2		
3		5		
	4		3	
			4	1

NO. 329

1			3	
				5
			4	
4		2	5	
	3			

NO. 330

1		3		4
	4		5	
	3			
		5		
			1	

NO. 331

1				
			3	4
				1
5		3		
		2	1	

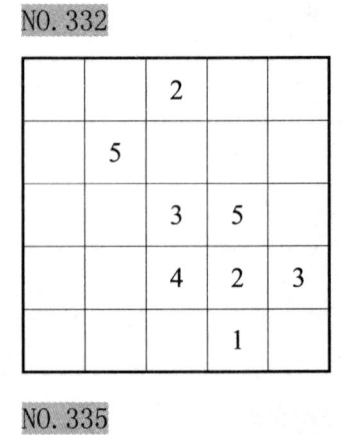

NO. 332

		2		
	5			
		3	5	
		4	2	3
			1	

NO. 333

4		3		
			1	
1		2		4
	2			

NO. 334

4		2	5	
		3		
1		5		
	5			

NO. 335

4		5		
	2		1	
		3		
	4			
	3			

NO. 336

5		3		
	2			
1				
			4	
	4		1	

NO. 337

		4	2	
	3		1	
		2		
	3	5		

NO. 338

	3			
1				
	2		4	5
4			2	
		4		

NO. 339

3	2	4		
	1	3		
		5		
				5

NO. 340

	1		4	
		2		
	5			
				4
			3	1

NO. 341

		1		
3		2		
	5			2
			1	
		4		

NO. 342

	1			
		2		
	2		4	
4		5		1

NO. 343

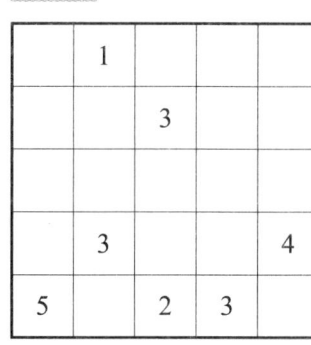

	1			
		3		
	3		4	
5		2	3	

NO. 344

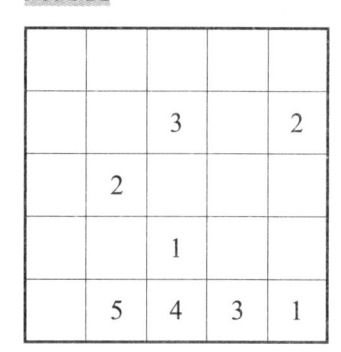

		3		2
		2		
			1	
	5	4	3	1

NO. 345

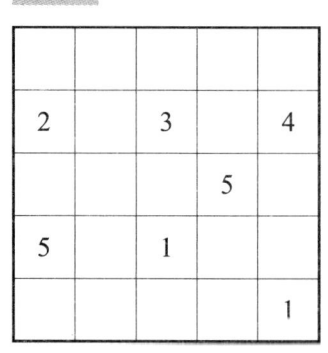

2		3		4
			5	
5		1		
				1

NO. 346

4	1		3	
				2
	2	3	5	
			2	
		5		

NO. 347

	1		2	3
2		4		
		5		4

NO. 348

	1		5	
		4		3
			2	
	1			
	2			

NO. 349

	1	4		
3		5		
		4		
2				
4				

NO. 350

			4	3
		5		2
			3	
			5	1

NO. 351

		4		
	5		3	4
3				
		3		
		1		3

NO. 352

		4		3
			2	
2		1		
			2	1
	1		5	

NO. 353

3		5		
		4		
2				3
4				1
	1			

NO. 354

		5		2
	2			
			5	1
	1		4	3

NO. 355

		5		3
				4
		1		
	2	4		
	1	3		

NO. 356

	5			
3		1		4
				1
	1		4	
		2		

NO. 357

				5
		2		
2	3			1
5	1			
	4			

NO. 358

	1	4		
		2		
	4			
5	3			
1		5		

NO. 359

	2	1		
	5		2	
2		3		
				3
			4	

NO. 360

5		1		
	4		2	1
	3			5
		5		

NO. 361

2		1		5
3		4		2
	2		1	

NO. 362

				2
5	2	4	3	
	1			
	4			
			4	

NO. 363

2	4		3	1
	1			
		3		2
			5	

NO. 364

	4			
		5		
4		3		
	5		1	
1		2		

NO. 365

	4	1		
			4	
4			5	
	3			
1			3	

NO. 366

	4	1	5	
	3			
		5	3	
			1	
		3		

NO. 367

	5			4
	3			1
	5			
		2		
1		4		

NO. 368

3		1		
		3	5	
		4	2	
			1	
				5

NO. 369

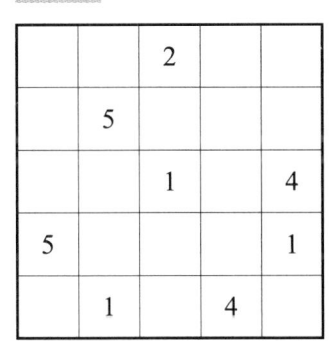

		2		
	5			
		1		4
5				1
	1		4	

NO. 370

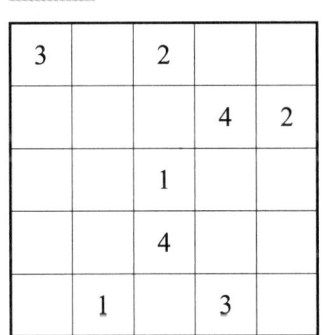

3		2		
			4	2
		1		
		4		
	1		3	

NO. 371

3		2		
				2
	2		4	
4		5		1

NO. 372

4				
				2
5		1		
	4		2	1
				5

NO. 373

	2		1	
		5		
2				
	5			
3		4		2

NO. 374

2	4			
	5			
			1	
5	2		4	3

七

五字（5×5）对角线幻方

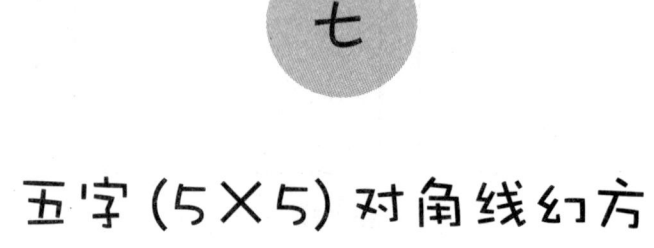

（NO.375~NO.422）

五字（5×5）对角线幻方的规则和解题方法

1. 五字对角线幻方的规则

（1）每行5个数之和都等于65（如图7-1所示）；

（2）每列5个数之和都等于65（如图7-1所示）；

（3）两条对角线上5个数之和都等于65（如图7-1所示）；

（4）全部折断对角线上5个数之和都等于65（如图7-1所示）；

（5）全部正"十"字形上5个数之和都等于65（如图7-2所示）；

（6）全部斜"十"字形上5个数之和都等于65（如图7-3所示）。

图7-1 五字对角线幻方性质之（1）（2）（3）（4）

图7-2 五字对角线幻方性质之（5）　图7-3 五字对角线幻方性质之（6）

2. 解题方法

如图7-4所示，图中给出如圆圈内的9个已知数字（14、3、7、11、21、5、15、19、8），尚有16个空格需要填上相应的数字。为方便期间，用数字右上角的小字表示所填数字的前后次序。

22¹⁵	⑭	1⁷	18⁶	10¹⁶
③	20¹	⑦	24⁴	⑪
9¹²	㉑	13³	⑤	17¹⁰
⑮	2²	⑲	6⁸	23⁹
16¹³	⑧	25¹¹	12⁵	4¹⁴

图 7-4　五字对角线幻方解题方法

NO. 375

22		16		
				20
		15	6	
		4		
		7	25	1

NO. 376

		22		14
			16	
	17		24	10
		6		18

NO. 377

		4		
	17			
11	9	23		20
	13		25	

NO. 378

		10		
	17		24	6
		11		2
16		22		
			1	25

NO. 379

2		20		
	9	3		
	17		10	4
	13		1	25

NO. 380

			22	
	9	11		
	17			24
4		10		
	13			25

NO. 381

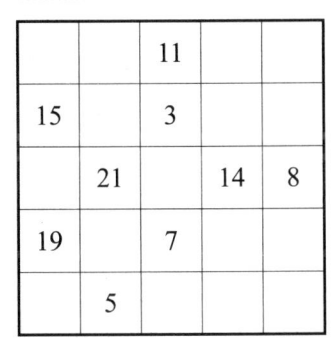

		11		
15		3		
	21		14	8
19		7		
		5		

NO. 382

				20
		15	6	
		4		
		25	1	
22		16		

NO. 383

		15		3
14	8		21	
		19		7
			5	
				11

NO. 384

		17		
11	9	23		20
		13		25
		4		

NO. 385

10	4		17	
1	25		13	
			2	20
			9	3

NO. 386

	9	3		
	17		10	4
	13		1	25
2		20		

NO. 387

18	2	21		10
7	16		25	13
			6	
		20		

NO. 388

	15	8	2	19
3				10
14	6	5	18	
20				
				13

NO. 389

				20
			13	
15	8	2	19	
			10	3
6	5	18		14

NO. 390

	10	18	2	21
25	13	7	16	
6				
				20

NO. 391

				24
		13		
	6	19	5	
		22	11	
2		10	18	

NO. 392

18		14	6	5
25	13	7		16
2				
				24

NO. 393

		4		
	21			
8		20		
	2		9	15
		11		

NO. 394

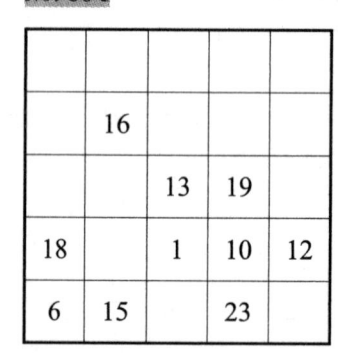

	16			
		13	19	
18		1	10	12
	6	15		23

NO. 395

			7	13
	12		24	
				17
	20		3	9

NO. 396

		17		
	4		6	
14		1	22	8
		23		15

NO. 397

19		21		
		14		
		16		23
3		10	11	
				25

NO. 398

8				25
	5			
				1
		6	15	17
20	22	3		

NO. 399

		13		25
			4	
		17		
20	11	9	23	

NO. 400

	5			
		11		
15		3	22	
	21		14	8
		7		

NO. 401

			4	
1		13		25
	22		16	
20				
			15	6

NO. 402

8		21		14
	19		7	
		5	24	
			11	
	15		3	

NO. 403

	4		10	
25	7	13		
14			22	
		9		
		17		24

NO. 404

	6			
25		13		1
	2		20	
		9	3	
4		17		10

NO. 405

				10
4		6		18
		19		21
20	1			14
23		15		

NO. 406

	16			
25		13		1
			10	
6				24
2			11	

NO. 407

		9		
16	25	2		14
7			21	
	1			
			23	

NO. 408

18			6	
		13		5
14	20		22	
				16
10		17		24

NO. 409

		16		23
	3		10	
25				
	19		21	
				14

NO. 410

14	16		2	
				21
		24		10
6		17		
22		9		

NO. 411

8	14		1	22
		23		15
			17	
		4		6

NO. 412

17				
9		20	22	3
		8		
13				7
		12		24

NO. 413

				19
12	18		1	10
	6	15		23
		16		

NO. 414

	8		20	
15		2		9
		11		
			4	
		21		

NO. 415

5			6	19
11		20		22
	18	2		10
24				
				13

NO. 416

				1
			6	15
20	22	3		
	8			25
		5		

NO. 417

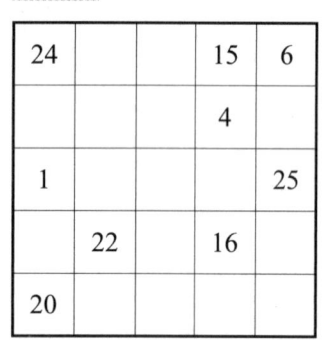

24			15	6
		4		
1				25
	22		16	
20				

NO. 418

11			4	
		5		
	7		19	
14		21		8
	3		15	

NO. 419

			9	2
	22			
			13	25
	10		4	
24		17		

NO. 420

4		17		10
				18
25		13		1
		2		20
		9	3	

NO. 421

2			11	
		16		
25				1
		4		10
6				24

NO. 422

		17		
	4			
25		13		
				8
	23	9	11	20

八

五字(5×5)异形数独

(NO.423~NO.494)

五字（5×5）异形数独的规则和解题方法

1. 五字异形数独的规则

（1）每行5个小方格中数字，1～5不重复；

（2）每列5个小方格中数字，1～5不重复；

（3）两条对角线上5个小方格中数字，1～5不重复；

（4）全部折断对角线上5个小方格中数字，1～5不重复；

（5）任意1格中的数字与其周边相邻的8格中的数字都不相同；

（6）全部正"十"字形上5个小方格中的数字，1～5不重复；

（7）全部斜"十"字形上5个小方格中的数字，1～5不重复；

（8）由5个小方格组成各地异形区域内的数字，1～5不重复（如图8-1所示）。

2	1	4	3	5
3	5	2	1	4
1	4	3	5	2
5	2	1	4	3
4	3	5	2	1

图 8-1　五字异形数独

2. 解题方法

如图8-2所示，在25格中已填有14个数，尚待11个数。解题，先看某行、某列、某异形区域内有没有已填好4个数、缺1个数的情况。如有，可用"四缺一"的方法找到所缺的数。由图8-2可见，第一行已有4个数，所以很快就可确定第一行第1个小方格中应填2。接下来，可看到左上角那个异形区域内也有4个数了，于是又找到第二行第2个小方格中应填入1。以此类推，便可很快地解题了。结果如图8-3

所示。

	4	3	5	1
5				3
	3		1	2
	2	4		
3		1	2	

2	4	3	5	1
5	1	2	4	3
4	3	5	1	2
1	2	4	3	5
3	5	1	2	4

图 8-2 五字异形数独谜题　　　　图 8-3 五字异形数独答案

NO. 423

NO. 424

NO. 425

NO. 426

NO. 427

NO. 428

NO. 429

NO. 430

NO. 431

NO. 432

NO. 433

NO. 434

NO. 435

		3		
	2		4	
	3	5		
	1	4		

NO. 436

		4		
3		1		
4	5			
2	1			

NO. 437

				2
			3	
		4		1
2			5	
5				

NO. 438

		5		
	1		4	
	5	2		
			5	
			3	

NO. 439

		4		
2		3		
	1		5	
			4	
			5	

NO. 440

3				
4		5		
1		2		
		3		
		2		

NO. 441

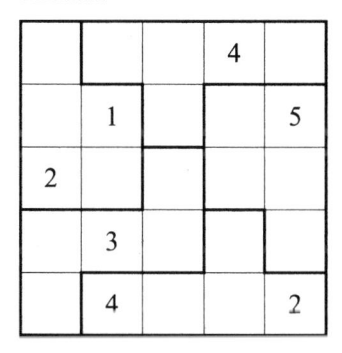

		4		
	1		5	
2				
	3			
	4		2	

NO. 442

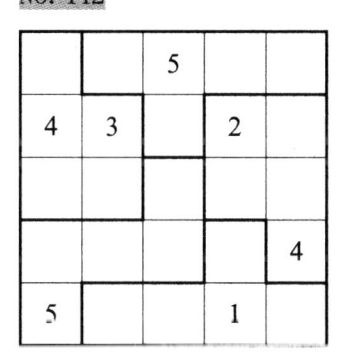

		5		
4	3		2	
			4	
5		1		

NO. 443

	2		1	
		4		5
4				
	3		2	

NO. 444

3		5		
	4		2	
	1			
	1	3		

NO. 445

3		4		
2	4		5	3
			4	

NO. 446

				3
			2	
2		1	3	5
	5			

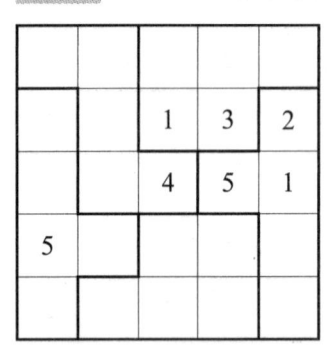

NO. 447 / NO. 448 / NO. 449 / NO. 450 / NO. 451 / NO. 452 / NO. 453 / NO. 454 / NO. 455 / NO. 456 / NO. 457 / NO. 458

NO. 459　　　　　　NO. 460　　　　　　NO. 461

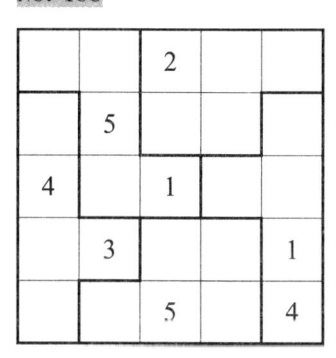

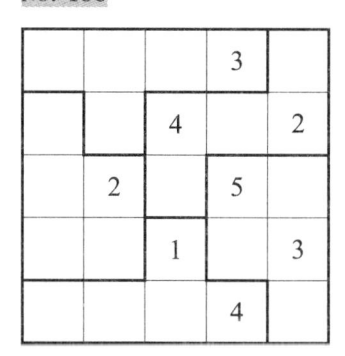

NO. 471

			4	
		1		3
5		4	2	
		5	3	

NO. 472

		4	5	
			2	
4	5	3	1	
	1			

NO. 473

		4		
	1			
2	4	5	1	
			4	
		1		

NO. 474

	2		3	
3		5		4
	4		1	
		2		

NO. 475

			3	
			2	
	4	3		1
5			4	
		3		

NO. 476

		3		
	5	4		
2	3		5	
			2	1

NO. 477

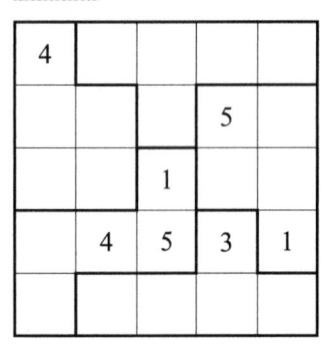

4				
		5		
		1		
	4	5	3	1

NO. 478

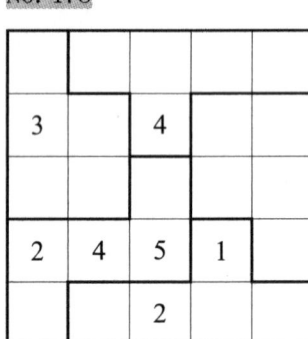

3			4	
2		4	5	1
			2	

NO. 479

			1	
		2		3
3			5	4
		4		

NO. 480

		4		
			2	
	4	3		1
5			4	

NO. 481

		2		
			4	
2	3		5	
			2	1

NO. 482

			3	
				2
2		1		5
	5		3	

第二部分 数独游戏规则、解题方法与谜题

NO. 483

NO. 484

NO. 485

NO. 486

NO. 487

NO. 488

NO. 489

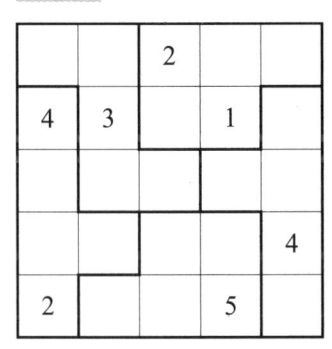

NO. 490

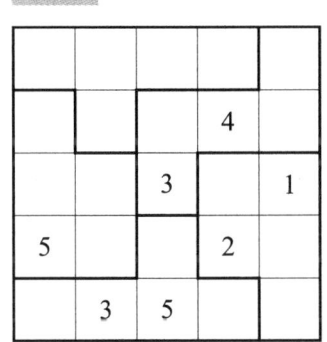

NO. 491

NO. 492

NO. 493

NO. 494

九

六字（6×6）常规数独

(NO.495~NO.566)

六字（6×6）常规数独的规则和解题方法

六字（6×6）数独是一种比较初级的数独，它比四字数独每边多2个小方格，即由6×6=36个小方格组成，有6个六宫格，如图9-1所示。

4	1	6	3	5	2
3	5	2	6	4	1
2	4	1	5	6	3
5	6	3	2	1	4
1	2	5	4	3	6
6	3	4	1	2	5

图9-1 六字（9×9）数独

1. 六字数独具有的性质

（1）每行6个小方格中的数字，1～6不重复；

（2）每列6个小方格中的数字，1～6不重复；

（3）每个六宫阵小方格中的数字，1～6不重复。

2. 解题方法

一般而言，六字数独是一种比较简单的数独，可以采用四字数独的方法，即可用"五缺一"、"二筛一"和"三筛二"的方法顺利地解决。现以图9-2为例来说明解题方法。在此六字数独中已填有14个数，尚需填入22个数。先看第二行，该行已有5个数，只缺1个数。采用"五缺一"的方法，可得该行第1个小方格中应填3。接下来看第一列和右上、左下六宫格的空格中，都已有4个数，缺2个数，则可以采用"二筛一"的方法，筛去其中1个，得到另一个数如图9-3所示。如此做下去，便可很顺利地得到满意的答案，如图9-4所示。

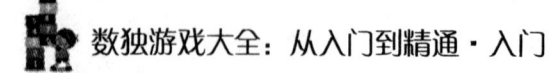

					2
	1	2	6	5	4
					5
2				3	
6	5	3		4	
4					

图 9-2 六字数独谜题

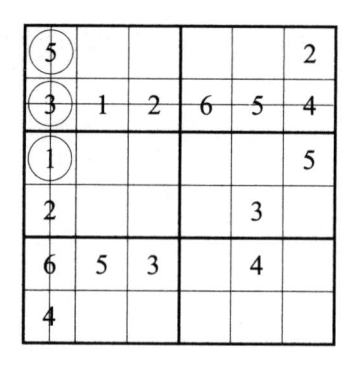

					2
⑤					2
③	1	2	6	5	4
①					5
2				3	
6	5	3		4	
4					

图 9-3 六字数独解题方法

5	6	4	3	1	2
3	1	2	6	5	4
1	3	6	4	2	5
2	4	5	1	3	6
6	5	3	2	4	1
4	2	1	5	6	3

图 9-4 六字数独答案

NO. 495

3		1		6	
2			1		
				3	1
1	3				
		6			5
	1		2		6

NO. 496

5		4			
				5	4
		1	2		
				2	4
6	3				
			3		6

NO. 497

2			4		
			5	3	
				5	1
1	6				
	3	2			
		1			5

NO. 498

		5		3	
				1	5
6					1
2					5
	3	6			
	1		6		

NO. 499

	5	3			
				4	
3		5			2
1		4			3
			5		
	2	1			

NO. 500

	3	1			
				3	4
3		6			
			5		6
1	6				
				1	2

NO. 501

	3				
4				3	2
		5	2		
		3	4		
1				5	6
	5				

NO. 502

	4	2	3	5	
5					3
		6		2	
6					2
	3			1	

83

NO. 503

				1	
4			2		3
			3	5	
		2	3		
2			4		5
		5			

NO. 504

	3		6		
		6		3	4
			3			4
4			2		
	1	6		5	
		2		6	

NO. 505

1					
			2		6
				5	4
	6	4			
3		1			
					2

NO. 506

			4		2
5					
				6	2
	2	3			
					5
2		1			

NO. 507

	6		4		
2					6
	4	3			
			3	5	
6					3
		1		2	

NO. 508

3		5			
		4			5
	6			3	
	4			6	
1			4		
			2		3

NO. 509

4		3			
			2	3	
2					5
6					2
			4	5	
1		4			

NO. 510

	6			5	
4					1
			1	6	
			5	3	
5					4
	1			2	

NO. 511

	1		3		
6			1	4	
		6	2		
			3	2	
	3	4			1
			4		2

NO. 512

			5	1	
3		5			
6				3	
	2				6
			4		5
	6	4			

NO. 513

		5			
1			6		2
			3		
5		4			
	2				1

NO. 514

4		3			
			4	5	
3				6	
	1				5
	2	1			
			2		

NO. 515

			1	5	
	5	6			
5			4		3
3		1			5
			5	2	
		2	5		

NO. 516

				1	5
	6				
2		5	1		
			6	3		2
				3	
4	1				

NO. 517

	1		3		
6		2			
					6
1				2	
		6			4
			3	1	

NO. 518

	3	4			
			1		3
				1	2
6	1				
5		3			
			3	2	

NO. 519

				4	
	6	4			
3					1
2					3
			5	6	
	2				

NO. 520

4		2		1	
					2
6		1			
				2	1
2					
		6		4	3

NO. 521

				3	
5		3			
				2	3
6	3				
			1		5
		4			

NO. 522

			5	6	
		4			
2					6
6					3
			1		
	2	3			

NO. 523

		4		6	
1			2		
				1	3
3	5				
		3			4
		6		1	

NO. 524

2		3			
				5	
				3	
1					
		4			2
		6		3	1

NO. 525

1	5				
2			6		1
			3	4	
		2	3		
			2		6
		6		2	

NO. 526

	6			1	
		4	2		
4					6
1					3
		1	5		
	5			4	

NO. 527

4		6			
	5			1	
1		2			
				6	1
	3			6	
			3		5

NO. 528

				1	5
5	2		4		
		3			
6	4				
2	5	6	3		
			3		6

NO. 529

	5				2
6	1				
			6		
2		3			
				4	1
			1		3

NO. 530

	3				6
6	5				1
			4	1	
				3	
				5	6
		4			

NO. 531

			6		1
				5	
		2			3
1					5
	5			2	
6		1	5		

NO. 532

	4			1	
6					4
5					2
		3		6	
			5	2	

NO. 533

	1		4		
		4	6		
		2	5		
	6			3	
2					5

NO. 534

6		1			
	5				
		3			2
		5	1		
	2			5	
5			6		1

87

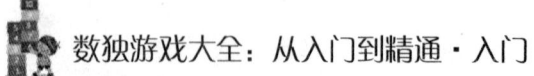

NO. 535

2					
				6	1
3					
			3	5	
	5				6
		1		3	

NO. 536

			1	5	
6		1	2		
3	4				
				2	3
		6			2
	2			6	

NO. 537

	2	4			
					5
		5			
1					6
		2			
			3	4	

NO. 538

5	6				
				4	
		6	2		
		3	6		
1					
				2	3

NO. 539

		6		3	
		1	6	5	
4	1				
	3				
5	6				
					4

NO. 540

				3	4
1		3			
	1	2			
			6	1	
			5		3
3	2				

NO. 541

	3				
			4	3	
	6				
		6	5		
5					4
4		1			

NO. 542

			5		
4	1				
			4		
3	4				
	5			6	
	6				1

NO. 543

1	5				
4			5	2	
		4		3	
		6			
3					6
	6			1	3

NO. 544

3					
			5		2
		1	2		
				1	
6		1			
		3			

NO. 545

3	1				6
2			1		
				1	3
1		3			
	6			5	
		1	2	6	

NO. 546

5	4				
				4	5
	2	1			
				2	4
6		3			
				3	6

NO. 547

2			4		
				5	3
				1	5
1		6			
	2	3			
	1			5	

NO. 548

	5				3
			1		5
6				1	
2				5	
	6	3			
			1	6	

NO. 549

	3	5			
					4
		3	5	2	
		1	4	3	6
3					
		1	2		

NO. 550

	1	3			
		3		4	
3	6		4		
			5	6	
1		6			
				2	1

NO.551

		3			
4				2	3
	5		2		
	3		4		
1				6	5
		5			

NO.552

	2	4	3		5
5				3	
			6		2
6				2	
	5				1

NO.553

					1
4		2	3		
			3		5
	3	2			
2	4			5	
		5			

NO.554

		3	6		
		6	3		4
	3			4	
4			2		
	6	1			5
	2				6

NO.555

1					
		2	6		
			4	5	
6		4			
3	1				
			2		

NO.556

			4	2	
5					
			6		2
	3	2			
				5	
2	1				

NO.557

	6	4		
2			6	
	3	4		
		3		5
6			3	
	1			2

NO.558

3	5				
	4			5	
			6		3
			4		6
1			4		
			2	3	

90

NO. 559

4	3				
			2		3
2				5	
6				2	
			4		5
1	4				

NO. 560

		6			5
4				1	
	1		6		
	5		3		
5				4	
		1			2

NO. 561

1	3				
6			1		4
	2	6			
		3		2	
	4	3		1	
			4	2	

NO. 562

			5		1
3	5				
6					3
		2		6	
			4	5	
	4	6			

NO. 563

	5				
1			6	2	
			3		
5	4				
		2		1	

NO. 564

4	3				
			4		5
3					6
		1		5	
	1	2			
		2			

NO. 565

			1		5
	6	5			
5			4	3	
3	1			5	
			5		2
		5	2		

NO. 566

				5	1
		6			
2			1		
	5			2	
					3
4		1			

91

六字 (6×6) 连体数独

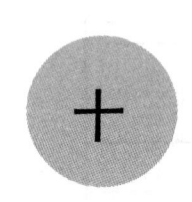

(NO.567~NO.628)

六字（6×6）连体数独的规则和解题方法

1. 六字连体数独的规则

（1）每行6个小方格中的数字，1~6不重复；

（2）每列6个小方格中的数字，1~6不重复；

（3）每个六宫阵小方格中的数字，1~6不重复。

六字连体数独，有两种连体方法，一种是六宫阵纵向叠合，如图10-1所示，另一种是六宫阵横向叠合，如图10-2所示。

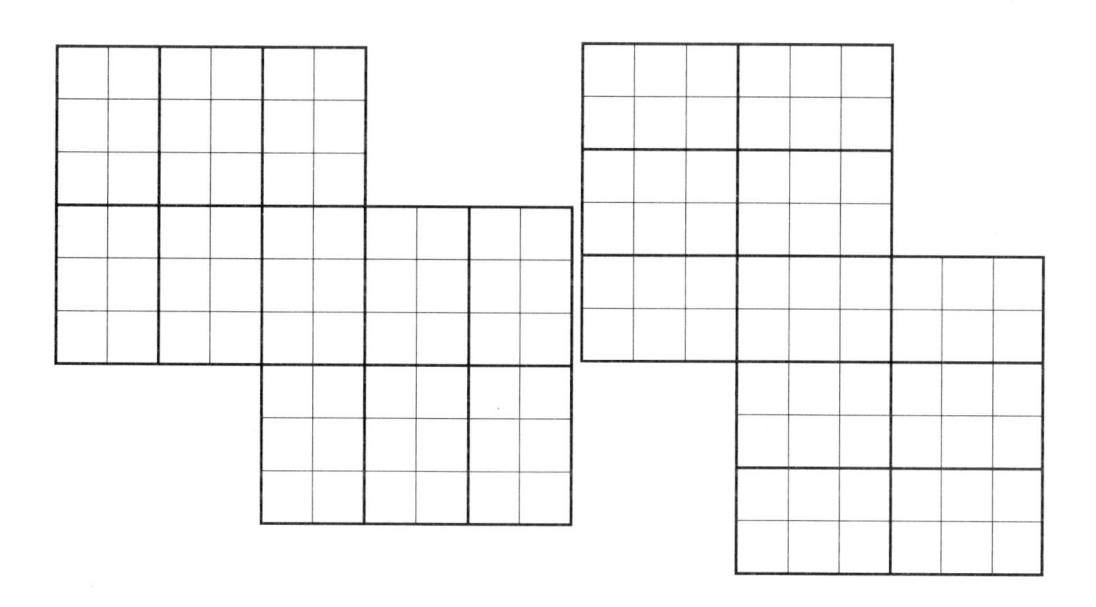

图 10-1 六宫阵纵向叠合　　　　图 10-2 六宫阵横向叠合

2. 解题方法

与六字常规数独解题方法相同。

NO. 567

NO. 568

NO. 569

NO. 570

NO. 571

5	3						
				3	2		
		5	2	4			
					5		
1							
	2	3	4				
		5		6			
					4		
			6				3
			1			6	5

NO. 572

		5		2	4		
						5	
3		5					
				3	2		
			1				
2	3		4				
				6			3
				1		6	5
			5		6		
							4

NO. 573

1	4						
3							
6	5						
			4				
		6		3		2	
	1	6		5	3		
		4	1				
		3		1			
			2			5	
					6	1	

NO. 574

5		6					
			4				
4		1					
		3					
	6			3	2		
	1		6	5			3
				2		5	
						6	1
				4	1		
				3			1

NO. 575

NO. 576

NO. 577

NO. 578

NO. 579

	1		2					
			4	6		1		
		4				3		
		1	3		1			
			5				6	
5						4		3
				2		1		
			1		6			
			3					4

NO. 580

				4		3		
2								
		6				1		
1				3				1
		6		5		6		
	4		3				3	4
					3		4	
					1		2	
			1					6

NO. 581

			4	1				
				3				
			5	6				
4								
		3		6	4			
	6	5		1		6		
		5		1				
			4			5		
		6		4				
		3		1				

NO. 582

			5	6				
		4						
		4	1					
		3			6			4
6	5			1		6		
				6	4			
				3	1			
5							1	
			4		5			

97

NO. 583

NO. 584

NO. 585

NO. 586

NO. 587

NO. 588

NO. 589

NO. 590

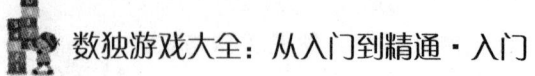

NO. 591

NO. 592

NO. 593

NO. 594

NO. 595

NO. 596

NO. 597

NO. 598

NO. 599

	2	3			1			
			1		3			
		1		6				
1		2				2		
	6			3				6
		6	5		1	6	5	
			1				2	3
			3		1			
					6		1	

NO. 600

			6	2				
				3	2			
		3	4					
			4		2			
1		3			5			
6			1	4				6
					2			
						3	4	
			2	4				5

NO. 601

4		3		1				
			2		4			
2	1							
				6	1			
		3		6			6		3
		4		2		3		2		4
			1		3		4	
							2	
			4		2			

NO. 602

		2	3	1				
1				3				
		6		1				
2		1					2	
			6		3		6	
6	5				1		6	5
				1		2	3	
				3				1
						1		6

102

NO. 603

	3		4		1			
	2				4			
			2	1				
			6	1				
	6		3			3		6
	2		4		3		4		2
			1		4		3	
					2	1		
			4				2	

NO. 604

2	3			1				
		1		3				
	1		6					
1		2				2		
	6			3				6
	6	5		1	6	5	
		1				2	3
		3		1			
					6		1

NO. 605

		5			6			
			2	5				
5	3				1			
1		6					3	6
			5			4		
	2	1						4
			2			6	
					4		6	2
			6	3			

NO. 606

4	5						4	
				5	4			
3	2							
				2			
1	3	2		5			
		1		3	6	5		1
					4	1	
				1		3	
			1		6		

103

NO. 607

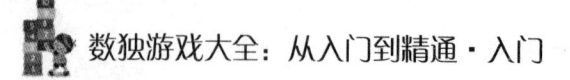

	5				6
		2		5	
		5	3		1
6		1		3	6		
	5					4
1			2		4
			2				6
				1	6	2	
				6		3	

NO. 608

		4	5	
	5			4
		3	2	
						2	
2		1	3		5		3
1				3		1	6	5
					1	
				3	4	1
				1			6

NO. 609

3				6	
		1			5
		2	1		
			2		
4			3					4
			4	5		2	
			1	6		5
				2		6
			3		6	
			6		3	4

NO. 610

		1	2		
			2	4	
6	3				
			3		6
5		4					5		4
				5	4	
						6	3
3		6			
						1	2
2	4				

第二部分 数独游戏规则、解题方法与谜题

NO.611

NO.612

NO. 613

NO. 614

NO.615

				4			3		
						2	1		
				3		1			
				4	2				4
6	3		1	5			6	3	5
		2	6			5			6
3	6			2		6		3	
4		6	5					6	1
				4		1		5	

NO.616

				5		6			
						3		1	
				4			2		
2		3			3	2	3		
4			5			4		5	
		6	4	6			6	4	
		6	5					6	5
	1	3					1	3	
	2		4			2			4

107

NO. 617

NO. 618

NO.619

NO.620

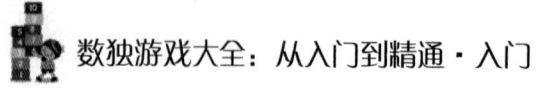

NO. 621

NO. 622

NO. 623

			4			3		
				2	1			
			3	1				
		4	2					4
6	3	1	5		6		3	5
	2	6	1		5			6
3	6		2		6	3		
4	6	5				6	1	
			4		1		5	

NO. 624

			5		2	1	3		
			3		1				
6						4	5		6
		1	4	5		3	5		
	1		2			3	2		1
3				5		4			6
	1			3			6	4	
			2		5			2	

111

NO.625

NO.626

NO. 627

NO. 628

NO.1 ~ NO.628 参考答案

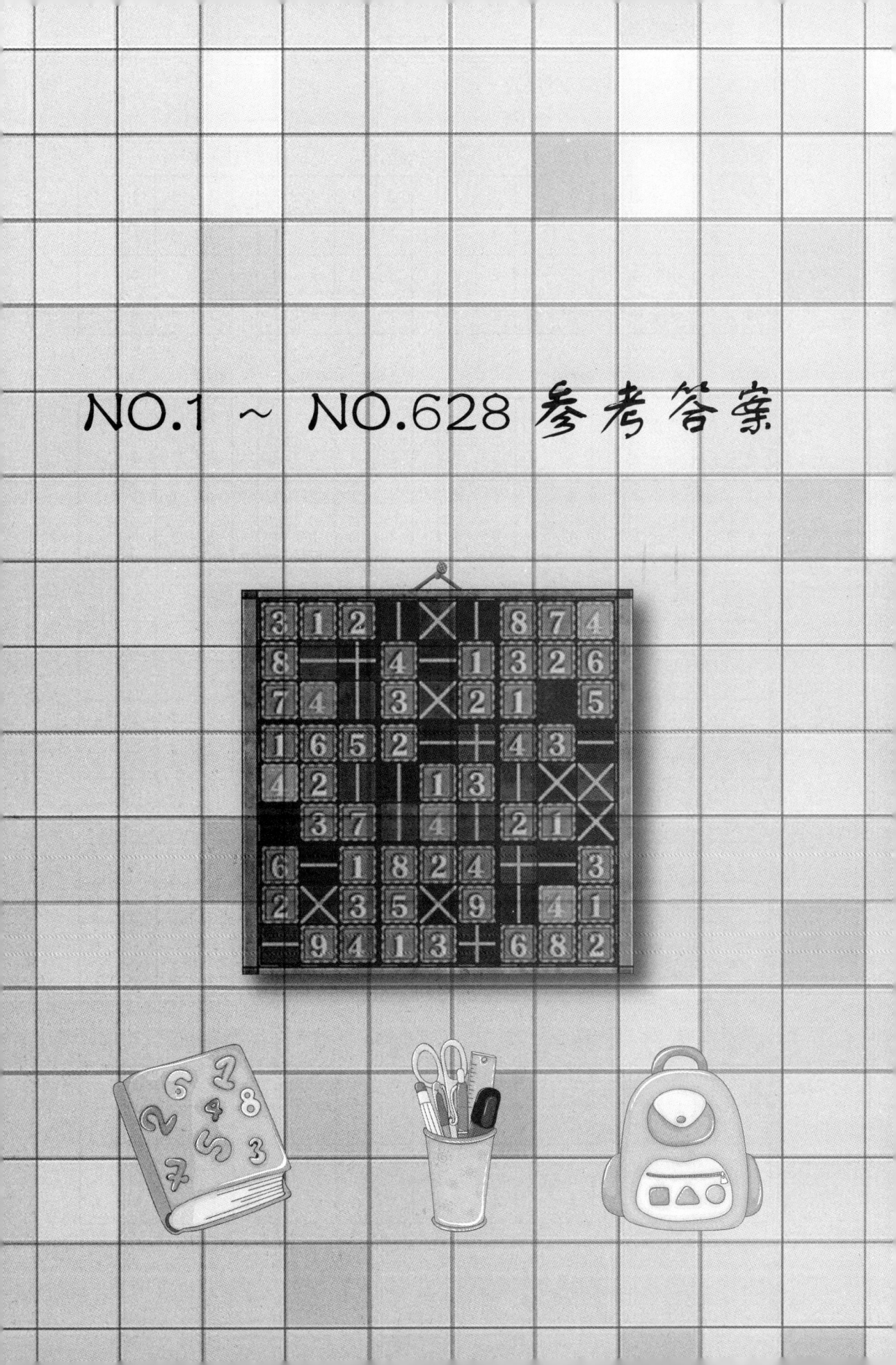

NO. 1

3	2	4	1
1	4	2	3
2	3	1	4
4	1	3	2

NO. 2

4	2	3	1
3	1	4	2
1	3	2	4
2	4	1	3

NO. 3

2	1	4	3
4	3	2	1
3	2	1	4
1	4	3	2

NO. 4

2	1	3	4
4	3	1	2
1	2	4	3
3	4	2	1

NO. 5

2	1	4	3
3	4	1	2
1	2	3	4
4	3	2	1

NO. 6

2	3	4	1
1	4	3	2
3	2	1	4
4	1	2	3

NO. 7

2	3	4	1
1	4	3	2
4	1	2	3
3	2	1	4

NO. 8

1	4	2	3
3	2	4	1
4	1	3	2
2	3	1	4

NO. 9

1	2	3	4
4	3	2	1
3	4	1	2
2	1	4	3

NO. 10

2	1	3	4
4	3	1	2
3	2	4	1
1	4	2	3

NO. 11

1	2	4	3
3	4	2	1
2	1	3	4
4	3	1	2

NO. 12

2	1	4	3
3	4	1	2
1	3	2	4
4	2	3	1

NO. 13

1	2	4	3
3	4	2	1
2	3	1	4
4	1	3	2

NO. 14

4	1	3	2
2	3	1	4
1	4	2	3
3	2	4	1

NO. 15

3	4	1	2
1	2	4	3
2	1	3	4
4	3	2	1

NO. 16

2	1	3	4
3	4	2	1
4	2	1	3
1	3	4	2

NO. 17

1	3	2	4
2	4	1	3
3	2	4	1
4	1	3	2

NO. 18

4	3	1	2
2	1	3	4
3	4	2	1
1	2	4	3

NO. 19

3	1	2	4
4	2	1	3
2	4	3	1
1	3	4	2

NO. 20

3	2	4	1
4	1	2	3
2	3	1	4
1	4	3	2

NO.1 ~ NO.628 参考答案

NO.21

4	1	2	3
2	3	4	1
3	4	1	2
1	2	3	4

NO.22

2	4	1	3
1	3	2	4
4	1	3	2
3	2	4	1

NO.23

2	4	3	1
3	1	2	4
1	2	4	3
4	3	1	2

NO.24

3	4	2	1
2	1	3	4
1	3	4	2
4	2	1	3

NO.25

2	3	1	4
1	4	3	2
4	1	2	3
3	2	4	1

NO.26

3	2	1	4
4	1	2	3
1	4	3	2
2	3	4	1

NO.27

2	3	4	1
4	1	3	2
3	2	1	4
1	4	2	3

NO.28

3	4	1	2
2	1	4	3
4	2	3	1
1	3	2	4

NO.29

1	2	4	3
3	4	2	1
2	3	1	4
4	1	3	2

NO.30

4	1	2	3
3	2	1	4
1	3	4	2
2	4	3	1

NO.31

1	4	2	3
3	2	4	1
4	3	1	2
2	1	3	4

NO.32

3	4	1	2
2	1	4	3
4	2	3	1
1	3	2	4

NO.33

3	2	4	1
4	1	3	2
1	4	2	3
2	3	1	4

NO.34

2	1	3	4
3	4	1	2
1	2	4	3
4	3	2	1

NO.35

1	3	2	4
2	4	1	3
3	1	4	2
4	2	3	1

NO.36

1	4	3	2
2	3	4	1
4	2	1	3
3	1	2	4

NO.37

2	4	3	1
1	3	4	2
3	1	2	4
4	2	1	3

NO.38

3	4	2	1
1	2	4	3
4	3	1	2
2	1	3	4

NO.39

1	2	4	3
3	4	1	2
2	1	3	4
4	3	2	1

NO.40

1	2	4	3
4	3	2	1
3	4	1	2
2	1	3	4

117

NO. 41

1	4	3	2
2	3	1	4
3	2	4	1
4	1	2	3

NO. 42

2	1	3	4
4	3	1	2
1	2	4	3
3	4	2	1

NO. 43

2	1	3	4
4	3	2	1
1	2	4	3
3	4	1	2

NO. 44

3	2	4	1
4	1	3	2
1	4	2	3
2	3	1	4

NO. 45

4	3	1	2
2	1	3	4
1	2	4	3
3	4	2	1

NO. 46

4	3	1	2
2	1	3	4
3	4	2	1
1	2	4	3

NO. 47

2	3	1	4
4	1	2	3
1	4	3	2
3	2	4	1

NO. 48

3	1	4	2
2	4	1	3
1	3	2	4
4	2	3	1

NO. 49

3	1	4	2
2	4	3	1
4	2	1	3
1	3	2	4

NO. 50

2	3	4	1
4	1	3	2
1	4	2	3
3	2	1	4

NO. 51

4	1	3	2
3	2	1	4
1	4	2	3
2	3	4	1

NO. 52

1	4	3	2
3	2	1	4
4	3	2	1
2	1	4	3

NO. 53

3	4	1	2
1	2	4	3
2	1	3	4
4	3	2	1

NO. 54

3	4	2	1
2	1	3	4
4	3	1	2
1	2	4	3

NO. 55

1	3	2	4
4	2	3	1
3	1	4	2
2	4	1	3

NO. 56

1	2	3	4
4	3	2	1
3	1	4	2
2	4	1	3

NO. 57

1	4	2	3
3	2	4	1
4	1	3	2
2	3	1	4

NO. 58

2	1	4	3
3	4	1	2
1	2	3	4
4	3	2	1

NO. 59

4	3	2	1
1	2	4	3
2	1	3	4
3	4	1	2

NO. 60

2	1	3	4
4	3	1	2
3	4	2	1
1	2	4	3

NO.1 ~ NO.628 参考答案

NO. 61

1	4	2	3
3	2	4	1
4	3	1	2
2	1	3	4

NO. 62

4	1	3	2
2	3	1	4
3	2	4	1
1	4	2	3

NO. 63

3	2	4	1
1	4	2	3
2	1	3	4
4	3	1	2

NO. 64

2	1	3	4
4	3	1	2
1	4	2	3
3	2	4	1

NO. 65

1	3	4	2
2	4	3	1
4	1	2	3
3	2	1	4

NO. 66

4	2	3	1
1	3	2	4
3	4	1	2
2	1	4	3

NO. 67

3	1	2	4
4	2	1	3
2	3	4	1
1	4	3	2

NO. 68

2	4	1	3
3	1	4	2
1	2	3	4
4	3	2	1

NO. 69

1	2	4	3
3	4	2	1
2	3	1	4
4	1	3	2

NO. 70

1	4	2	3
3	2	4	1
2	1	3	4
4	3	1	2

NO. 71

4	1	3	2
2	3	1	4
1	2	4	3
3	4	2	1

NO. 72

4	3	1	2
2	1	3	4
1	4	2	3
3	2	4	1

NO. 73

3	4	2	1
1	2	4	3
4	1	3	2
2	3	1	4

NO. 74

3	2	4	1
1	4	2	3
4	3	1	2
2	1	3	4

NO. 75

2	3	1	4
4	1	3	2
3	4	2	1
1	2	4	3

NO. 76

2	1	3	4
4	3	1	2
3	2	4	1
1	4	2	3

NO. 77

1	4	2	3
3	2	4	1
2	3	1	4
4	1	3	2

NO. 78

1	2	4	3
3	4	2	1
4	3	1	2
2	1	3	4

NO. 79

4	3	1	2
2	1	3	4
1	2	4	3
3	4	2	1

NO. 80

4	1	3	2
2	3	1	4
3	2	4	1
1	4	2	3

119

NO. 81

3	2	4	1
1	4	2	3
4	1	3	2
2	3	1	4

NO. 82

3	4	2	1
1	2	4	3
2	1	3	4
4	3	1	2

NO. 83

2	1	3	4
4	3	1	2
3	4	2	1
1	2	4	3

NO. 84

2	3	1	4
4	1	3	2
1	4	2	3
3	2	4	1

NO. 85

1	2	3	4
4	3	2	1
3	1	4	2
2	4	1	3

NO. 86

1	2	3	4
4	3	2	1
3	4	1	2
2	1	4	3

NO. 87

1	3	2	4
4	2	3	1
3	4	1	2
2	1	4	3

NO. 88

4	1	2	3
3	2	1	4
2	4	3	1
1	3	4	2

NO. 89

4	1	2	3
3	2	1	4
2	3	4	1
1	4	3	2

NO. 90

4	2	1	3
3	1	2	4
2	3	4	1
1	4	3	2

NO. 91

3	4	1	2
2	1	4	3
1	3	2	4
4	2	3	1

NO. 92

3	4	1	2
2	1	4	3
1	2	3	4
4	3	2	1

NO. 93

3	1	4	2
2	4	1	3
1	2	3	4
4	3	2	1

NO. 94

2	3	4	1
1	4	3	2
4	2	1	3
3	1	2	4

NO. 95

2	3	4	1
1	4	3	2
4	1	2	3
3	2	1	4

NO. 96

2	4	3	1
1	3	4	2
4	1	2	3
3	2	1	4

NO. 97

2	3	4	1
1	4	3	2
4	1	2	3
3	2	1	4

NO. 98

1	2	3	4
4	3	2	1
3	4	1	2
2	1	4	3

NO. 99

1	3	2	4
4	2	1	3
2	4	3	1
3	1	4	2

NO. 100

4	3	1	2
1	2	3	4
2	1	4	3
3	4	2	1

NO.1 ~ NO.628 参考答案

NO. 101

3	4	1	2
2	1	4	3
1	3	2	4
4	2	3	1

NO. 102

1	4	2	3
3	2	4	1
2	3	1	4
4	1	3	2

NO. 103

1	3	4	2
2	4	3	1
4	1	2	3
3	2	1	4

NO. 104

1	4	3	2
2	3	4	1
3	2	1	4
4	1	2	3

NO. 105

3	4	2	1
2	1	4	3
1	2	3	4
4	3	1	2

NO. 106

4	2	1	3
1	3	2	4
3	1	4	2
2	4	3	1

NO. 107

4	1	3	2
3	2	1	4
2	3	4	1
1	4	2	3

NO. 108

4	2	3	1
3	1	2	4
1	3	4	2
2	4	1	3

NO. 109

1	2	4	3
3	4	1	2
4	3	2	1
2	1	3	4

NO. 110

2	3	1	4
4	1	3	2
1	4	2	3
3	2	4	1

NO. 111

3	4	2	1
1	2	4	3
4	1	3	2
2	3	1	4

NO. 112

2	1	3	4
4	3	2	1
3	4	1	2
1	2	4	3

NO. 113

2	1	4	3
3	4	1	2
1	3	2	4
4	2	3	1

NO. 114

1	3	2	4
4	2	3	1
2	4	1	3
3	1	4	2

NO. 115

1	3	4	2
2	4	3	1
4	1	2	3
3	2	1	4

NO. 116

2	4	1	3
3	1	2	4
1	3	4	2
4	2	3	1

NO. 117

1	4	3	2
2	3	1	4
3	2	4	1
4	1	2	3

NO. 118

3	4	2	1
1	2	3	4
2	1	4	3
4	3	1	2

NO. 119

4	3	2	1
2	1	3	4
1	2	4	3
3	4	1	2

NO. 120

1	4	2	3
3	2	1	4
2	3	4	1
4	1	3	2

NO. 121
2	3	4	1
1	4	3	2
3	2	1	4
4	1	2	3

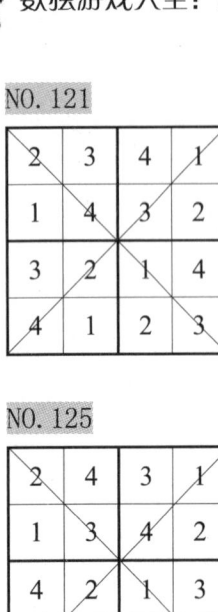

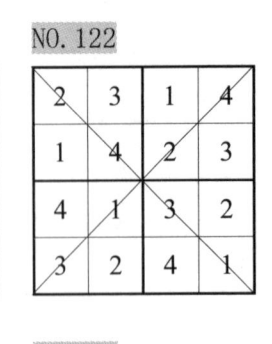

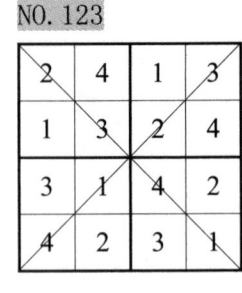

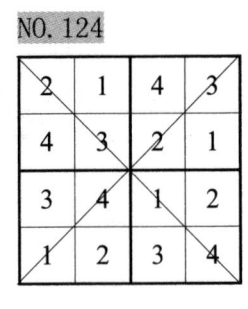

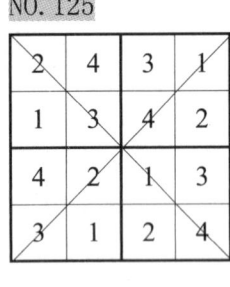

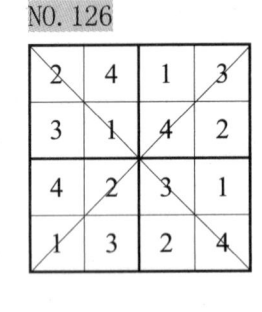

NO. 122
2	3	1	4
1	4	2	3
4	1	3	2
3	2	4	1

NO. 123
2	4	1	3
1	3	2	4
3	1	4	2
4	2	3	1

NO. 124
2	1	4	3
4	3	2	1
3	4	1	2
1	2	3	4

NO. 125
2	4	3	1
1	3	4	2
4	2	1	3
3	1	2	4

NO. 126
2	4	1	3
3	1	4	2
4	2	3	1
1	3	2	4

NO. 127
2	1	3	4
4	3	1	2
1	2	4	3
3	4	2	1

NO. 128
2	3	1	4
4	1	3	2
3	2	4	1
1	4	2	3

NO. 129
2	4	3	1
3	1	2	4
1	3	4	2
4	2	1	3

NO. 130
2	1	4	3
3	4	1	2
1	2	3	4
4	3	2	1

NO. 131
2	1	3	4
3	4	2	1
4	3	1	2
1	2	4	3

NO. 132
2	4	1	3
3	1	4	2
4	2	3	1
1	3	2	4

NO. 133
3	4	1	2
2	1	4	3
4	3	2	1
1	2	3	4

NO. 134
3	4	2	1
2	1	3	4
1	2	4	3
4	3	1	2

NO. 135
3	1	2	4
2	4	3	1
4	2	1	3
1	3	4	2

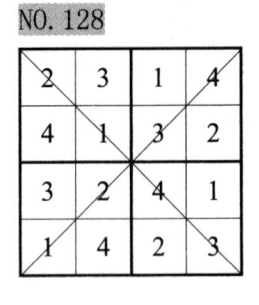

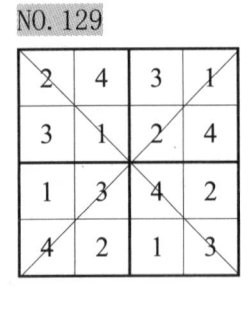

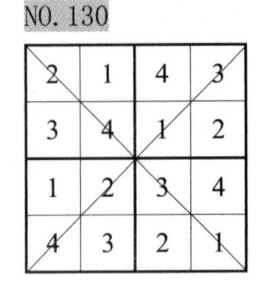

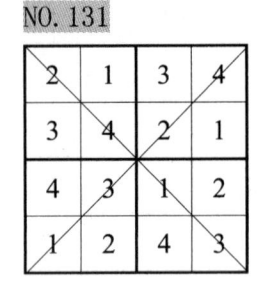

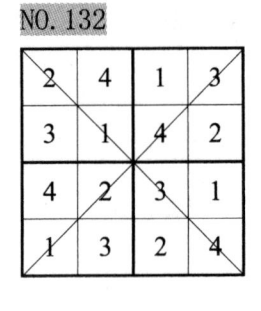

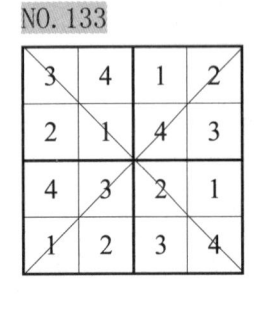

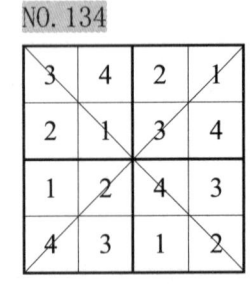

NO. 136
3	2	1	4
1	4	3	2
4	1	2	3
2	3	4	1

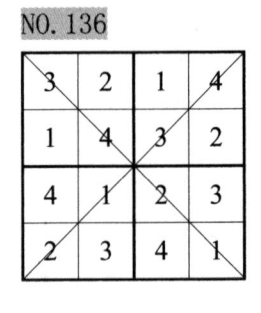

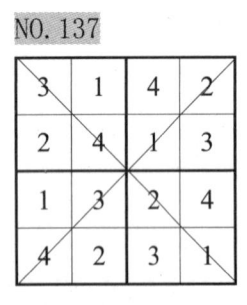

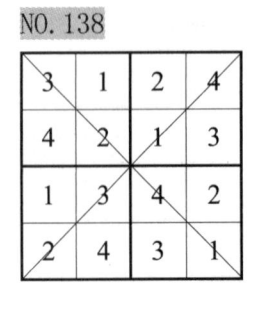

NO. 137
3	1	4	2
2	4	1	3
1	3	2	4
4	2	3	1

NO. 138
3	1	2	4
4	2	1	3
1	3	4	2
2	4	3	1

NO. 139
3	2	4	1
1	4	2	3
2	3	1	4
4	1	3	2

NO. 140
3	4	2	1
1	2	4	3
4	3	1	2
2	1	3	4

NO.1 ~ NO.628 参考答案

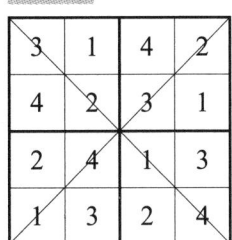

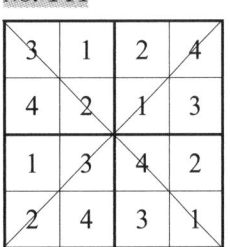

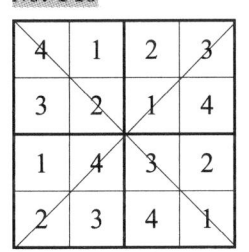

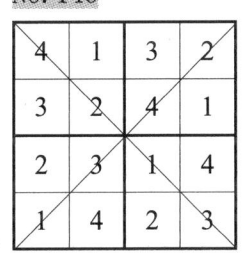

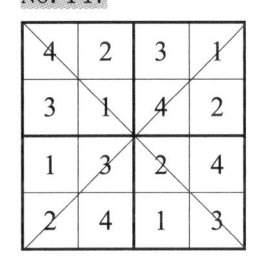

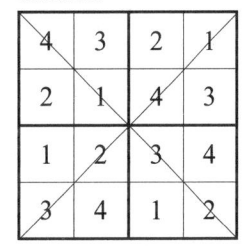

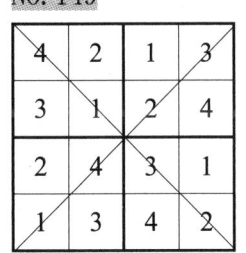

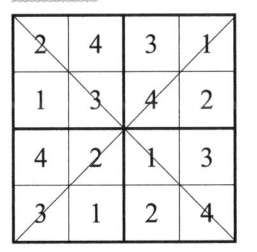

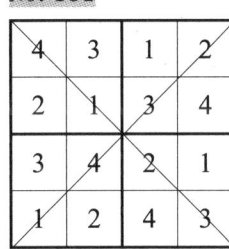

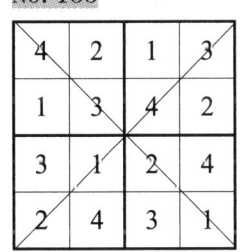

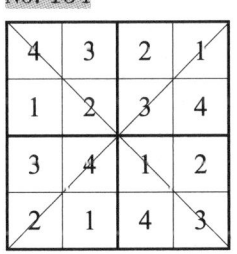

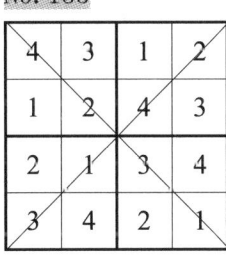

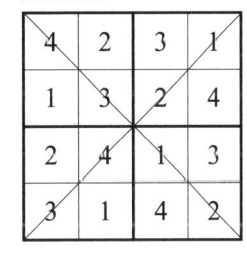

NO. 141
3	1	4	2
4	2	3	1
2	4	1	3
1	3	2	4

NO. 142
3	2	1	4
4	1	2	3
2	3	4	1
1	4	3	2

NO. 143
3	2	4	1
4	1	3	2
1	4	2	3
2	3	1	4

NO. 144
3	1	2	4
4	2	1	3
1	3	4	2
2	4	3	1

NO. 145
4	1	2	3
3	2	1	4
1	4	3	2
2	3	4	1

NO. 146
4	1	3	2
3	2	4	1
2	3	1	4
1	4	2	3

NO. 147
4	2	3	1
3	1	4	2
1	3	2	4
2	4	1	3

NO. 148
4	3	2	1
2	1	4	3
1	2	3	4
3	4	1	2

NO. 149
4	2	1	3
3	1	2	4
2	4	3	1
1	3	4	2

NO. 150
2	4	3	1
1	3	4	2
4	2	1	3
3	1	2	4

NO. 151
4	3	1	2
2	1	3	4
3	4	2	1
1	2	4	3

NO. 152
4	1	3	2
2	3	1	4
1	4	2	3
3	2	4	1

NO. 153
4	2	1	3
1	3	4	2
3	1	2	4
2	4	3	1

NO. 154
4	3	2	1
1	2	3	4
3	4	1	2
2	1	4	3

NO. 155
4	3	1	2
1	2	4	3
2	1	3	4
3	4	2	1

NO. 156
4	2	3	1
1	3	2	4
2	4	1	3
3	1	4	2

NO. 157
1	2	3	4
4	3	2	1
2	1	4	3
3	4	1	2

NO. 158
1	2	4	3
4	3	1	2
3	4	2	1
2	1	3	4

NO. 159
1	3	4	2
4	2	1	3
2	4	3	1
3	1	2	4

NO. 160
1	4	3	2
3	2	1	4
2	3	4	1
4	1	2	3

123

NO. 161

1	3	2	4
4	2	3	1
3	1	4	2
2	4	1	3

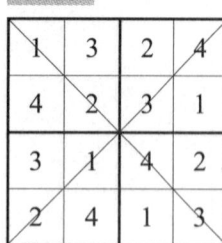

NO. 162

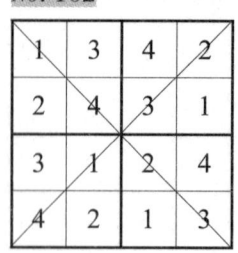

1	3	4	2
2	4	3	1
3	1	2	4
4	2	1	3

NO. 163

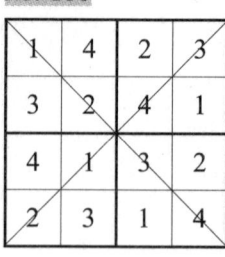

1	4	2	3
3	2	4	1
4	1	3	2
2	3	1	4

NO. 164

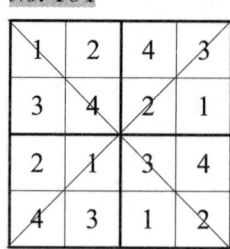

1	2	4	3
3	4	2	1
2	1	3	4
4	3	1	2

NO. 165

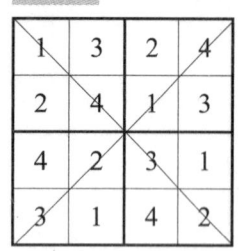

1	3	2	4
2	4	1	3
4	2	3	1
3	1	4	2

NO. 166

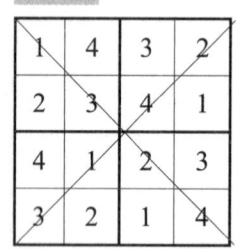

1	4	3	2
2	3	4	1
4	1	2	3
3	2	1	4

NO. 167

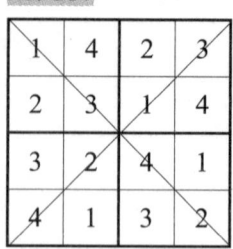

1	4	2	3
2	3	1	4
3	2	4	1
4	1	3	2

NO. 168

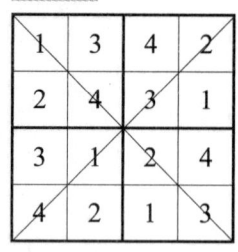

1	3	4	2
2	4	3	1
3	1	2	4
4	2	1	3

NO. 169

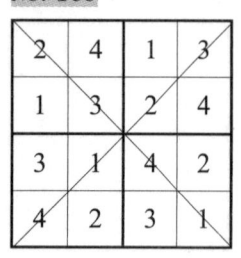

2	4	1	3
1	3	2	4
3	1	4	2
4	2	3	1

NO. 170

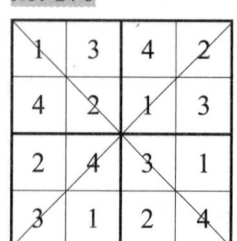

1	3	4	2
4	2	1	3
2	4	3	1
3	1	2	4

NO. 171

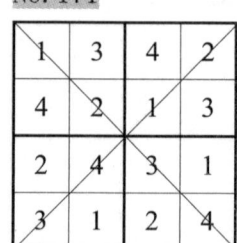

1	3	4	2
4	2	1	3
2	4	3	1
3	1	2	4

NO. 172

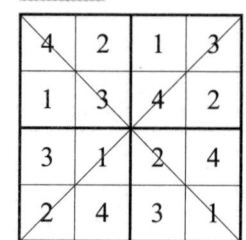

4	2	1	3
1	3	4	2
3	1	2	4
2	4	3	1

NO. 173

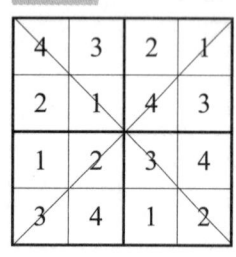

4	3	2	1
2	1	4	3
1	2	3	4
3	4	1	2

NO. 174

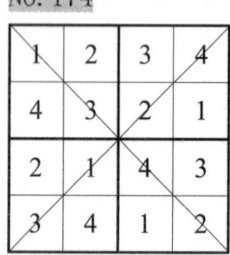

1	2	3	4
4	3	2	1
2	1	4	3
3	4	1	2

NO. 175

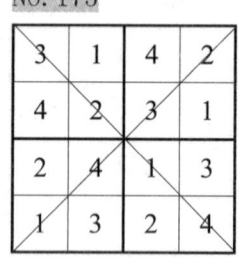

3	1	4	2
4	2	3	1
2	4	1	3
1	3	2	4

NO. 176

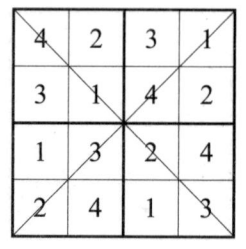

4	2	3	1
3	1	4	2
1	3	2	4
2	4	1	3

NO. 177

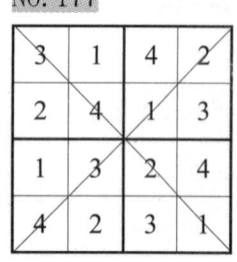

3	1	4	2
2	4	1	3
1	3	2	4
4	2	3	1

NO. 178

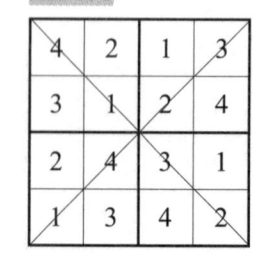

4	2	1	3
3	1	2	4
2	4	3	1
1	3	4	2

NO. 179

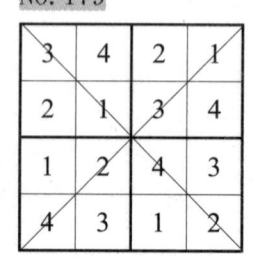

3	4	2	1
2	1	3	4
1	2	4	3
4	3	1	2

NO. 180

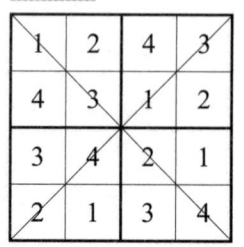

1	2	4	3
4	3	1	2
3	4	2	1
2	1	3	4

NO.1 ~ NO.628 参考答案

NO. 181

4	1	2	3
2	3	1	4
1	4	3	2
3	2	4	1

NO. 182

2	4	1	3
1	3	2	4
4	2	3	1
3	1	4	2

NO. 183

4	3	2	1
1	2	4	3
3	4	1	2
2	1	3	4

NO. 184

1	4	3	2
2	3	4	1
3	2	1	4
4	1	2	3

NO. 185

4	3	1	2
1	2	3	4
2	1	4	3
3	4	2	1

NO. 186

3	1	2	4
2	4	1	3
4	2	3	1
1	3	4	2

NO. 187

2	1	3	4
3	4	1	2
4	3	2	1
1	2	4	3

NO. 188

1	2	3	4
3	4	2	1
2	1	4	3
4	3	1	2

NO. 189

4	1	3	2
2	3	4	1
3	2	1	4
1	4	2	3

NO. 190

3	1	2	4
4	2	1	3
2	4	3	1
1	3	4	2

NO. 191

1	4	3	2
2	3	4	1
3	2	1	4
4	1	2	3

NO. 192

4	2	3	1
3	1	4	2
2	4	1	3
1	3	2	4

NO. 193

2	4	3	1
3	1	4	2
1	3	2	4
4	2	1	3

NO. 194

3	1	4	2
4	2	3	1
2	4	1	3
1	3	2	4

NO. 195

2	4	1	3
3	1	4	2
1	3	2	4
4	2	3	1

NO. 196

4	2	3	1
3	1	4	2
2	4	1	3
1	3	2	4

NO. 197

1	3	4	2
4	2	1	3
3	1	2	4
2	4	3	1

NO. 198

1	3	4	2
4	2	1	3
3	1	2	4
2	4	3	1

NO. 199

2	1	4	3
3	4	1	2
4	3	2	1
1	2	3	4

NO. 200

1	3	4	2
4	2	3	1
2	4	1	3
3	1	2	4

NO. 201

4	2	3	1
3	1	2	4
1	3	4	2
2	4	1	3

NO. 202

4	2	3	1
1	3	2	4
3	1	4	2
2	4	1	3

NO. 203

3	4	2	1
1	2	3	4
4	3	1	2
2	1	4	3

NO. 204

4	1	3	2
3	2	4	1
1	3	2	4
2	4	1	3

NO. 205

3	2	1	4
4	1	2	3
1	4	3	2
2	3	4	1

NO. 206

3	2	4	1
4	1	2	3
1	4	3	2
2	3	1	4

NO. 207

1	2	3	4
3	4	2	1
2	1	4	3
4	3	1	2

NO. 208

1	3	4	2
4	2	1	3
3	1	2	4
2	4	3	1

NO. 209

1	4	2	3
2	3	4	1
3	2	1	4
4	1	3	2

NO. 210

3	2	1	4
4	1	2	3
1	4	3	2
2	3	4	1

NO. 211

3	4	1	2
2	1	3	4
1	2	4	3
4	3	2	1

NO. 212

1	2	4	3
3	1	2	4
2	4	3	1
4	3	1	2

NO. 213

2	3	4	1
4	1	3	2
3	2	1	4
1	4	2	3

NO. 214

1	2	4	3
4	3	1	2
2	1	3	4
3	4	2	1

NO. 215

4	2	3	1
3	1	2	4
1	3	4	2
2	4	1	3

NO. 216

1	3	4	2
4	2	3	1
2	4	1	3
3	1	2	4

NO. 217

2	1	3	4
3	4	1	2
4	3	2	1
1	2	4	3

NO. 218

2	1	4	3
3	4	2	1
4	3	1	2
1	2	3	4

NO. 219

4	1	3	2
2	3	4	1
1	4	2	3
3	2	1	4

NO. 220

2	4	1	3
1	3	2	4
3	2	4	1
4	1	3	2

NO.1 ~ NO.628 参考答案

NO. 221

4	2	3	1
1	3	2	4
3	1	4	2
2	4	1	3

NO. 222

3	4	2	1
1	2	3	4
2	1	4	3
4	3	1	2

NO. 223

2	3	1	4
1	4	3	2
4	1	2	3
3	2	4	1

NO. 224

2	4	1	3
1	3	2	4
4	2	3	1
3	1	4	2

NO. 225

3	2	1	4
4	1	3	2
1	4	2	3
2	3	4	1

NO. 226

2	1	4	3
3	4	2	1
4	3	1	2
1	2	3	4

NO. 227

4	3	2	1
1	2	3	4
2	1	4	3
3	4	1	2

NO. 228

4	2	1	3
1	3	2	4
3	1	4	2
2	4	3	1

NO. 229

1	2	4	3
3	4	1	2
4	3	2	1
2	1	3	4

NO. 230

3	4	2	1
2	1	4	3
1	2	3	4
4	3	1	2

NO. 231

1	3	4	2
4	2	1	3
2	1	3	4
3	4	2	1

NO. 232

3	1	2	4
2	4	3	1
1	3	4	2
4	2	1	3

NO. 233

3	1	2	4
2	4	3	1
1	3	4	2
4	2	1	3

NO. 234

2	3	1	4
1	4	2	3
3	2	4	1
4	1	3	2

NO. 235

4	3	2	1
1	2	3	4
2	1	3	4
3	4	1	2

NO. 236

4	3	2	1
2	1	3	4
1	2	4	3
3	4	1	2

NO. 237

1	2	3	4
4	3	1	2
2	1	4	3
3	4	2	1

NO. 238

1	2	4	3
3	4	1	2
2	1	3	4
4	3	2	1

NO. 239

2	4	1	3
1	3	2	4
4	2	3	1
3	1	4	2

NO. 240

3	4	2	1
2	1	3	4
4	3	1	2
1	2	4	3

127

NO. 241 / NO. 242 / NO. 243
NO. 244 / NO. 245 / NO. 246
NO. 247 / NO. 248 / NO. 249
NO. 250 / NO. 251 / NO. 252

NO.1 ～ NO.628 参考答案

NO. 253

1	3	2	4		
2	4	3	1		
4	2	1	3	2	4
3	1	4	2	3	1
		2	1	4	3
		3	4	1	2

NO. 254

1	4	3	2		
2	3	1	4		
3	2	4	1	3	2
4	1	2	3	4	1
		1	4	2	3
		3	2	1	4

NO. 255

2	4	3	1		
1	3	2	4		
3	1	4	2	3	1
4	2	1	3	2	4
		3	4	1	2
		2	1	4	3

NO. 256

4	1	2	3		
3	2	4	1		
2	3	1	4	2	3
1	4	3	2	1	4
		4	1	3	2
		2	3	4	1

NO. 257

3	4	1	2		
2	1	4	3		
1	2	3	4	2	1
4	3	2	1	3	4
		4	2	1	3
		1	3	4	2

NO. 258

2	3	4	1		
1	4	3	2		
4	1	2	3	1	4
3	2	1	4	2	3
		4	2	3	1
		3	1	4	2

NO. 259

1	4	3	2		
2	3	4	1		
3	2	1	4	2	3
4	1	2	3	1	4
		3	1	4	2
		4	2	3	1

NO. 260

3	2	1	4		
4	1	2	3		
1	4	3	2	4	1
2	3	4	1	3	2
		2	4	1	3
		1	3	2	4

NO. 261

2	1	4	3		
3	4	1	2		
4	3	2	1	3	4
1	2	3	4	2	1
		1	3	4	2
		4	2	1	3

NO. 262

4	3	2	1		
1	2	3	4		
2	1	4	3	1	2
3	4	1	2	4	3
		2	4	3	1
		3	1	2	4

NO. 263

4	2	1	3		
3	1	2	4		
1	4	3	2	4	1
2	3	4	1	3	2
		2	4	1	3
		1	3	2	4

NO. 264

4	2	1	3		
3	1	2	4		
1	4	3	2	4	1
2	3	4	1	3	2
		2	4	1	3
		1	3	2	4

NO. 265

2	4	3	1		
1	3	4	2		
4	1	2	3	1	4
3	2	1	4	2	3
		4	2	3	1
		3	1	4	2

NO. 266

2	4	3	1		
1	3	4	2		
3	1	2	4	3	1
4	2	1	3	2	4
		4	2	1	3
		3	1	4	2

NO. 267

3	1	2	4		
4	2	1	3		
2	3	4	1	3	2
1	4	3	2	4	1
		1	3	2	4
		2	4	1	3

NO. 268

3	1	2	4		
4	2	1	3		
2	4	3	1	4	2
1	3	4	2	1	3
		1	3	2	4
		2	4	3	1

NO. 269

3	4	2	1		
1	2	4	3		
2	3	1	4	3	2
4	1	3	2	4	1
		4	1	2	3
		2	3	1	4

NO. 270

2	3	4	1		
4	1	3	2		
1	4	2	3	1	4
3	2	1	4	2	3
		3	2	4	1
		4	1	3	2

NO. 271

4	3	1	2		
2	1	3	4		
3	2	4	1	2	3
1	4	2	3	1	4
		1	4	3	2
		3	2	4	1

NO. 272

4	1	3	2		
2	3	4	1		
3	2	1	4	2	3
1	4	2	3	1	4
		4	1	3	2
		3	2	4	1

NO. 273

1	2	4	3		
3	4	2	1		
4	1	3	2	4	1
2	3	1	4	3	2
		2	3	1	4
		4	1	2	3

NO. 274

3	2	1	4		
1	4	2	3		
4	1	3	2	4	1
2	3	4	1	3	2
		2	3	1	4
		1	4	2	3

NO. 275

3	2	1	4		
1	4	2	3		
4	1	3	2	4	1
2	3	4	1	2	3
		2	3	1	4
		1	4	3	2

NO. 276

4	3	1	2		
2	1	3	4		
1	2	4	3	1	2
3	4	2	1	3	4
		3	4	2	1
		1	2	4	3

NO.1 ~ NO.628 参考答案

NO. 277

2	1	3	4		
4	3	1	2		
3	4	2	1	3	4
1	2	4	3	2	1
			1	2	4	3
			3	4	1	2

NO. 278

3	4	2	1		
1	2	4	3		
2	1	3	4	1	2
4	3	1	2	4	3
		4	3	2	1
		2	1	3	4

NO. 279

1	4	2	3		
3	2	1	4		
2	3	4	1	2	3
4	1	3	2	4	1
		1	4	3	2
		2	3	1	4

NO. 280

3	4	2	1		
1	2	4	3		
2	1	3	4	1	2
4	3	1	2	4	3
		4	3	2	1
		2	1	3	4

NO. 281

2	1	4	3		
3	4	1	2		
1	3	2	4	3	1
4	2	3	1	2	4
		4	2	1	3
		1	3	4	2

NO. 282

4	3	2	1		
1	2	3	4		
2	4	1	3	4	2
3	1	4	2	1	3
			3	1	2	4
			2	4	3	1

NO. 283

2	1	4	3		
3	4	1	2		
4	3	2	1	3	4
1	2	3	4	1	2
		4	3	2	1
		1	2	4	3

NO. 284

3	4	1	2		
2	1	4	3		
4	2	3	1	2	4
1	3	2	4	3	1
		1	3	4	2
		4	2	1	3

NO. 285

3	4	1	2		
2	1	4	3		
1	2	3	4	1	2
4	3	2	1	3	4
			1	2	4	3
			4	3	2	1

NO. 286

1	2	3	4		
4	3	2	1		
3	4	1	2	4	3
2	1	4	3	2	1
		3	4	1	2
		2	1	3	4

NO. 287

2	1	4	3		
3	4	1	2		
1	3	2	4	3	1
4	2	3	1	2	4
		4	2	1	3
		1	3	4	2

NO. 288

4	3	2	1		
1	2	3	4		
2	4	1	3	4	2
3	1	4	2	1	3
		3	1	2	4
		2	4	3	1

131

NO. 289

NO. 290

NO. 291

NO. 292

NO. 293

NO. 294

NO.295

			4	1	2	3	
			3	2	1	4	
		2	4	1	3	4	2
		1	3	2	4	3	1
1	4	3	2	4	1		
3	2	4	1	3	2		
4	1	2	3				
2	3	1	4				

NO.296

				3	4	1	2
				2	1	4	3
		1	3	4	2	3	1
		4	2	1	3	2	4
4	3	2	1	3	4		
2	1	3	4	2	1		
3	4	1	2				
1	2	4	3				

NO.297

			4	3	2	1	
			1	2	3	4	
		3	1	2	4	1	3
		2	4	3	1	4	2
3	4	1	2	4	3		
1	2	4	3	1	2		
4	3	2	1				
2	1	3	4				

NO.298

				2	1	4	3
				3	4	1	2
		4	2	1	3	2	4
		1	3	4	2	3	1
2	1	3	4	2	1		
4	3	2	1	3	4		
1	2	4	3				
3	4	1	2				

NO.299

			4	2	3	1	
			3	1	2	4	
		2	4	1	3	4	2
		1	3	2	4	1	3
4	2	3	1	4	2		
3	1	4	2	3	1		
1	4	2	3				
2	3	1	4				

NO.300

				2	4	1	3
				1	3	4	2
		4	2	3	1	2	4
		3	1	4	2	3	1
4	2	1	3	2	4		
3	1	2	4	1	3		
1	4	3	2				
2	3	4	1				

133

NO. 301

			3	1	2	4	
			4	2	3	1	
		1	3	2	4	1	3
		2	4	1	3	4	2
3	1	4	2	3	1		
4	2	3	1	4	2		
2	3	1	4				
1	4	2	3				

NO. 302

			1	3	4	2	
			4	2	3	1	
		3	1	2	4	1	3
		2	4	3	1	2	4
1	3	4	2	1	3		
4	2	1	3	4	2		
2	1	3	4				
3	4	2	1				

NO. 303

4	2	1	5	3
5	3	4	2	1
2	1	5	3	4
3	4	2	1	5
1	5	3	4	2

NO. 304

5	2	1	4	3
4	3	5	2	1
2	1	4	3	5
3	5	2	1	4
1	4	3	5	2

NO. 305

2	3	1	5	4
5	4	2	3	1
3	1	5	4	2
4	2	3	1	5
1	5	4	2	3

NO. 306

4	3	1	2	5
2	5	4	3	1
3	1	2	5	4
5	4	3	1	2
1	2	5	4	3

NO. 307

5	3	1	4	2
4	2	5	3	1
3	1	4	2	5
2	5	3	1	4
1	4	2	5	3

NO. 308

5	4	1	2	3
2	3	5	4	1
4	1	2	3	5
3	5	4	1	2
1	2	3	5	4

NO. 309

3	4	1	5	2
5	2	3	4	1
4	1	5	2	3
2	3	4	1	5
1	5	2	3	4

NO. 310

2	4	1	3	5
3	5	2	4	1
4	1	3	5	2
5	2	4	1	3
1	3	5	2	4

NO. 311

2	5	1	4	3
4	3	2	5	1
5	1	4	3	2
3	2	5	1	4
1	4	3	2	5

NO. 312

3	5	1	2	4
2	4	3	5	1
5	1	2	4	3
4	3	5	1	2
1	2	4	3	5

NO. 313

4	5	1	3	2
3	2	4	5	1
5	1	3	2	4
2	4	5	1	3
1	3	2	4	5

NO. 314

5	4	3	2	1
2	1	5	4	3
4	3	2	1	5
1	5	4	3	2
3	2	1	5	4

NO.1～NO.628 参考答案

NO. 315
2	1	4	5	3
5	3	2	1	4
1	4	5	3	2
3	2	1	4	5
4	5	3	2	1

NO. 316
2	1	3	5	4
5	4	2	1	3
1	3	5	4	2
4	2	1	3	5
3	5	4	2	1

NO. 317
2	1	3	4	5
4	5	2	1	3
1	3	4	5	2
5	2	1	3	4
3	4	5	2	1

NO. 318
3	1	4	5	2
5	2	3	1	4
1	4	5	2	3
2	3	1	4	5
4	5	2	3	1

NO. 319
3	1	5	2	4
2	4	3	1	5
1	5	2	4	3
4	3	1	5	2
5	2	4	3	1

NO. 320
3	1	2	4	5
4	5	3	1	2
1	2	4	5	3
5	3	1	2	4
2	4	5	3	1

NO. 321
3	4	5	1	2
1	2	3	4	5
4	5	1	2	3
2	3	4	5	1
5	1	2	3	4

NO. 322
1	4	5	3	2
3	2	1	4	5
4	5	3	2	1
2	1	4	5	3
5	3	2	1	4

NO. 323
1	3	5	4	2
4	2	1	3	5
3	5	4	2	1
2	1	3	5	4
5	4	2	1	3

NO. 324
1	3	4	5	2
5	2	1	3	4
3	4	5	2	1
2	1	3	4	5
4	5	2	1	3

NO. 325
1	4	5	2	3
2	3	1	4	5
4	5	2	3	1
3	1	4	5	2
5	2	3	1	4

NO. 326
1	5	2	4	3
4	3	1	5	2
5	2	4	3	1
3	1	5	2	4
2	4	3	1	5

NO. 327
1	2	4	5	3
5	3	1	2	4
2	4	5	3	1
3	1	2	4	5
4	5	3	1	2

NO. 328
1	3	2	5	4
5	4	1	3	2
3	2	5	4	1
4	1	3	2	5
2	5	4	1	3

NO. 329
1	2	5	3	4
3	4	1	2	5
2	5	3	4	1
4	1	2	5	3
5	3	4	1	2

NO. 330
1	5	3	2	4
2	4	1	5	3
5	3	2	4	1
4	1	5	3	2
3	2	4	1	5

NO. 331
1	3	4	2	5
2	5	1	3	4
3	4	2	5	1
5	1	3	4	2
4	2	5	1	3

NO. 332
1	4	2	3	5
3	5	1	4	2
4	2	3	5	1
5	1	4	2	3
2	3	5	1	4

NO. 333
4	1	3	2	5
2	5	4	1	3
1	3	2	5	4
5	4	1	3	2
3	2	5	4	1

NO. 334
4	1	2	5	3
5	3	4	1	2
1	2	5	3	4
3	4	1	2	5
2	5	3	4	1

NO. 335
4	1	5	3	2
3	2	4	1	5
1	5	3	2	4
2	4	1	5	3
5	3	2	4	1

NO. 336
5	1	3	4	2
4	2	5	1	3
1	3	4	2	5
2	5	1	3	4
3	4	2	5	1

NO. 337
5	1	4	2	3
2	3	5	1	4
1	4	2	3	5
3	5	1	4	2
4	2	3	5	1

NO. 338
5	3	2	1	4
1	4	5	3	2
3	2	1	4	5
4	5	3	2	1
2	1	4	5	3

NO. 339
3	2	4	5	1
5	1	3	2	4
2	4	5	1	3
1	3	2	4	5
4	5	1	3	2

NO. 340
2	1	5	4	3
4	3	2	1	5
1	5	4	3	2
3	2	1	5	4
5	4	3	2	1

NO. 341
2	1	5	3	4
3	4	2	1	5
1	5	3	4	2
4	2	1	5	3
5	3	4	2	1

NO. 342
2	1	4	3	5
3	5	2	1	4
1	4	3	5	2
5	2	1	4	3
4	3	5	2	1

NO. 343
3	1	5	4	2
4	2	3	1	5
1	5	4	2	3
2	3	1	5	4
5	4	2	3	1

NO. 344
3	1	2	5	4
5	4	3	1	2
1	2	5	4	3
4	3	1	2	5
2	5	4	3	1

NO. 345
3	1	4	2	5
2	5	3	1	4
1	4	2	5	3
5	3	1	4	2
4	2	5	3	1

NO. 346
4	1	2	3	5
3	5	4	1	2
1	2	3	5	4
5	4	1	2	3
2	3	5	4	1

NO. 347
4	1	5	2	3
2	3	4	1	5
1	5	2	3	4
3	4	1	5	2
5	2	3	4	1

NO. 348
4	1	3	5	2
5	2	4	1	3
1	3	5	2	4
2	4	1	3	5
3	5	2	4	1

NO. 349
5	1	4	3	2
3	2	5	1	4
1	4	3	2	5
2	5	1	4	3
4	3	2	5	1

NO. 350
5	1	2	4	3
4	3	5	1	2
1	2	4	3	5
3	5	1	2	4
2	4	3	5	1

NO. 351
2	3	4	1	5
1	5	2	3	4
3	4	1	5	2
5	2	3	4	1
4	1	5	2	3

NO. 352
5	2	4	1	3
1	3	5	2	4
2	4	1	3	5
3	5	2	4	1
4	1	3	5	2

NO. 353
3	2	5	1	4
1	4	3	2	5
2	5	1	4	3
4	3	2	5	1
5	1	4	3	2

NO. 354
4	3	5	1	2
1	2	4	3	5
3	5	1	2	4
2	4	3	5	1
5	1	2	4	3

NO.355

2	4	5	1	3
1	3	2	4	5
4	5	1	3	2
3	2	4	5	1
5	1	3	2	4

NO.356

1	5	4	3	2
3	2	1	5	4
5	4	3	2	1
2	1	5	4	3
4	3	2	1	5

NO.357

1	2	3	4	5
4	5	1	2	3
2	3	4	5	1
5	1	2	3	4
3	4	5	1	2

NO.358

3	2	1	4	5
4	5	3	2	1
2	1	4	5	3
5	3	2	1	4
1	4	5	3	2

NO.359

4	2	1	3	5
3	5	4	2	1
2	1	3	5	4
5	4	2	1	3
1	3	5	4	2

NO.360

5	2	1	3	4
3	4	5	2	1
2	1	3	4	5
4	5	2	1	3
1	3	4	5	2

NO.361

2	3	1	4	5
4	5	2	3	1
3	1	4	5	2
5	2	3	1	4
1	4	5	2	3

NO.362

4	3	1	5	2
5	2	4	3	1
3	1	5	2	4
2	4	3	1	5
1	5	2	4	3

NO.363

5	3	1	2	4
2	4	5	3	1
3	1	2	4	5
4	5	3	1	2
1	2	4	5	3

NO.364

5	4	1	3	2
3	2	5	4	1
4	1	3	2	5
2	5	4	1	3
1	3	2	5	4

NO.365

3	4	1	2	5
2	5	3	4	1
4	1	2	5	3
5	3	4	1	2
1	2	5	3	4

NO.366

2	4	1	5	3
5	3	2	4	1
4	1	5	3	2
3	2	4	1	5
1	5	3	2	4

NO.367

2	5	1	3	4
3	4	2	5	1
5	1	3	4	2
4	2	5	1	3
1	3	4	2	5

NO.368

3	5	1	4	2
4	2	3	5	1
5	1	4	2	3
2	3	5	1	4
1	4	2	3	5

NO.369

4	3	2	1	5
1	5	4	3	2
3	2	1	5	4
5	4	3	2	1
2	1	5	4	3

NO.370

3	4	2	1	5
1	5	3	4	2
4	2	1	5	3
5	3	4	2	1
2	1	5	3	4

NO.371

3	5	2	1	4
1	4	3	5	2
5	2	1	4	3
4	3	5	2	1
2	1	4	3	5

NO.372

4	5	2	1	3
1	3	4	5	2
5	2	1	3	4
3	4	5	2	1
2	1	3	4	5

NO.373

5	2	3	1	4
1	4	5	2	3
2	3	1	4	5
4	5	2	3	1
3	1	4	5	2

NO.374

2	4	3	1	5
1	5	2	4	3
4	3	1	5	2
5	2	4	3	1
3	1	5	2	4

NO. 375

22	5	16	14	8
11	9	23	2	20
3	17	15	6	24
10	21	4	18	12
19	13	7	25	1

NO. 376

20	1	22	8	14
23	9	15	16	2
11	17	3	24	10
4	25	6	12	18
7	13	19	5	21

NO. 377

10	21	4	18	12
3	17	15	6	24
11	9	23	2	20
22	5	16	14	8
19	13	7	25	1

NO. 378

4	21	10	12	18
15	17	3	24	6
23	9	11	20	2
16	5	22	8	14
7	13	19	1	25

NO. 379

2	21	20	14	8
15	9	3	22	16
23	17	11	10	4
6	5	24	18	12
19	13	7	1	25

NO. 380

16	5	22	8	14
23	9	11	20	2
15	17	3	24	6
4	21	10	12	18
7	13	19	1	25

NO. 381

23	17	11	10	4
15	9	3	22	16
2	21	20	14	8
19	13	7	1	25
6	5	24	18	12

NO. 382

11	9	23	2	20
3	17	15	6	24
10	21	4	18	12
19	13	7	25	1
22	5	16	14	8

NO. 383

22	16	15	9	3
14	8	2	21	20
1	25	19	13	7
18	12	6	5	24
10	4	23	17	11

NO. 384

3	17	15	6	24
11	9	23	2	20
22	5	16	14	8
19	13	7	25	1
10	21	4	18	12

NO. 385

10	4	23	17	11
18	12	6	5	24
1	25	19	13	7
14	8	2	21	20
22	16	15	9	3

NO. 386

15	9	3	22	16
23	17	11	10	4
6	5	24	18	12
19	13	7	1	25
2	21	20	14	8

NO. 387

18	2	21	14	10
24	15	8	17	1
7	16	4	25	13
5	23	12	6	19
11	9	20	3	22

NO. 388

21	15	8	2	19
3	17	24	11	10
14	6	5	18	22
20	23	12	9	1
7	4	16	25	13

NO. 389

23	12	9	1	20
4	16	25	13	7
15	8	2	19	21
17	24	11	10	3
6	5	18	22	14

NO. 390

14	10	18	2	21
17	1	24	15	8
25	13	7	16	4
6	19	5	23	12
3	22	11	9	20

NO. 391

15	8	17	1	24
16	4	25	13	7
23	12	6	19	5
9	20	3	22	11
2	21	14	10	18

NO. 392

18	22	14	6	5
9	1	20	23	12
25	13	7	4	16
2	19	21	15	8
11	10	3	17	24

NO. 393

12	18	4	25	6
5	21	7	13	19
8	14	20	1	22
16	2	23	9	15
24	10	11	17	3

NO. 394

22	3	9	11	20
14	16	25	2	8
5	7	13	19	21
18	24	1	10	12
6	15	17	23	4

NO.1 ~ NO.628 参考答案

NO. 395

19	21	5	7	13
10	12	18	24	1
23	4	6	15	17
11	20	22	3	9
2	8	14	16	25

NO. 396

10	11	17	3	24
18	4	25	6	12
21	7	13	19	5
14	20	1	22	8
2	23	9	15	16

NO. 397

19	5	21	7	13
22	8	14	20	1
15	16	2	23	9
3	24	10	11	17
6	12	18	4	25

NO. 398

8	14	16	25	2
21	5	7	13	19
12	18	24	1	10
4	6	15	17	23
20	22	3	9	11

NO. 399

8	22	5	16	14
1	19	13	7	25
12	10	21	4	18
24	3	17	15	6
20	11	9	23	2

NO. 400

6	5	24	18	12
23	17	11	10	4
15	9	3	22	16
2	21	20	14	8
19	13	7	1	25

NO. 401

12	10	21	24	18
1	19	13	7	25
8	22	5	16	14
20	11	9	23	2
24	3	17	15	6

NO. 402

8	2	21	20	14
25	19	13	7	1
12	6	5	24	18
4	23	17	11	10
16	15	9	3	22

NO. 403

18	4	21	10	12
25	7	13	19	1
14	16	5	22	8
2	23	9	11	20
6	15	17	3	24

NO. 404

12	6	5	24	18
25	19	13	7	1
8	2	21	20	14
16	15	9	3	22
4	23	17	11	10

NO. 405

11	17	3	24	10
4	25	6	12	18
7	13	19	5	21
20	1	22	8	14
23	9	15	16	2

NO. 406

14	16	5	22	8
25	7	13	19	1
18	4	21	10	12
6	15	17	3	24
2	23	9	11	20

NO. 407

3	9	11	20	22
16	25	2	8	14
7	13	19	21	5
24	1	10	12	18
15	17	23	4	6

NO. 408

18	4	25	6	12
21	7	13	19	5
14	20	1	22	8
2	23	9	15	16
10	11	17	3	24

NO. 409

9	15	16	2	23
17	3	24	10	11
25	6	12	18	4
13	19	5	21	7
1	22	8	14	20

NO. 410

14	16	25	2	8
5	7	13	19	21
18	24	1	10	12
6	15	17	23	4
22	3	9	11	20

NO. 411

5	21	7	13	19
8	14	20	1	22
16	2	23	9	15
24	10	11	17	3
12	18	4	25	6

NO. 412

17	23	4	6	15
9	11	20	22	3
25	2	8	14	16
13	19	21	5	7
1	10	12	18	24

NO. 413

21	5	7	13	19
12	18	24	1	10
4	6	15	17	23
20	22	3	9	11
8	14	16	25	2

NO. 414

22	8	14	20	1
15	16	2	23	9
3	24	10	11	17
6	12	18	4	25
19	5	21	7	13

139

NO. 415

5	23	12	6	19
11	9	20	3	22
18	2	21	14	10
24	15	8	17	1
7	16	4	25	13

NO. 416

10	12	18	24	1
23	4	6	15	17
11	20	22	3	9
2	8	14	16	25
19	21	5	7	13

NO. 417

24	3	17	15	6
12	10	21	4	18
1	19	13	7	25
8	22	5	16	14
20	11	9	23	2

NO. 418

10	11	17	23	4
18	24	5	6	12
1	7	13	19	25
14	20	21	2	8
22	3	9	15	16

NO. 419

20	11	9	23	2
8	22	5	16	14
1	19	13	7	25
12	10	21	4	18
24	3	17	15	6

NO. 420

4	23	17	11	10
12	6	5	24	18
25	19	13	7	1
8	2	21	20	14
16	15	9	3	22

NO. 421

2	23	9	11	20
14	16	5	22	8
25	7	13	19	1
18	4	21	10	12
6	15	17	3	24

NO. 422

6	15	17	3	24
18	4	21	10	12
25	7	13	19	1
14	16	5	22	8
2	23	9	11	20

NO. 423

1	2	5	4	3
4	3	1	2	5
2	5	4	3	1
3	1	2	5	4
5	4	3	1	2

NO. 424

5	2	3	1	4
1	4	5	2	3
2	3	1	4	5
4	5	2	3	1
3	1	4	5	2

NO. 425

4	2	5	1	3
1	3	4	2	5
2	5	1	3	4
3	4	2	5	1
5	1	3	4	2

NO. 426

5	2	1	4	3
4	3	5	2	1
2	1	4	3	5
3	5	2	1	4
1	4	3	5	2

NO. 427

1	2	4	5	3
5	3	1	2	4
2	4	5	3	1
3	1	2	4	5
4	5	3	1	2

NO. 428

4	2	1	5	3
5	3	4	2	1
2	1	5	3	4
3	4	2	1	5
1	5	3	4	2

NO. 429

3	5	1	4	2
4	2	3	5	1
5	1	4	2	3
2	3	5	1	4
1	4	2	3	5

NO. 430

3	5	4	1	2
1	2	3	5	4
5	4	1	2	3
2	3	5	4	1
4	1	2	3	5

NO. 431

3	4	1	5	2
5	2	3	4	1
4	1	5	2	3
2	3	4	1	5
1	5	2	3	4

NO. 432

3	4	5	1	2
1	2	3	4	5
4	5	1	2	3
2	3	4	5	1
5	1	2	3	4

NO. 433

3	2	1	5	4
5	4	3	2	1
2	1	5	4	3
4	3	2	1	5
1	5	4	3	2

NO. 434

4	2	1	5	3
5	3	4	2	1
2	1	5	3	4
3	4	2	1	5
1	5	3	4	2

NO. 435
1	4	3	5	2
5	2	1	4	3
4	3	5	2	1
2	1	4	3	5
3	5	2	1	4

NO. 436
1	4	5	3	2
3	2	1	4	5
4	5	3	2	1
2	1	4	5	3
5	3	2	1	4

NO. 437
1	3	5	4	2
4	2	1	3	5
3	5	4	2	1
2	1	3	5	4
5	4	2	1	3

NO. 438
1	3	4	5	2
5	2	1	3	4
3	4	5	2	1
2	1	3	4	5
4	5	2	1	3

NO. 439
5	3	4	1	2
1	2	5	3	4
3	4	1	2	5
2	5	3	4	1
4	1	2	5	3

NO. 440
5	3	1	4	2
4	2	5	3	1
3	1	4	2	5
2	5	3	1	4
1	4	2	5	3

NO. 441
3	2	5	4	1
4	1	3	2	5
2	5	4	1	3
1	3	2	5	4
5	4	1	3	2

NO. 442
1	2	5	4	3
4	3	1	2	5
2	5	4	3	1
3	1	2	5	4
5	4	3	1	2

NO. 443
4	2	5	1	3
1	3	4	2	5
2	5	1	3	4
3	4	2	5	1
5	1	3	4	2

NO. 444
3	2	5	1	4
1	4	3	2	5
2	5	1	4	3
4	3	2	5	1
5	1	4	3	2

NO. 445
3	2	4	1	5
1	5	3	2	4
2	4	1	5	3
5	3	2	4	1
4	1	5	3	2

NO. 446
5	2	4	1	3
1	3	5	2	4
2	4	1	3	5
3	5	2	4	1
4	1	3	5	2

NO. 447
5	3	4	2	1
2	1	5	3	4
3	4	2	1	5
1	5	3	4	2
4	2	1	5	3

NO. 448
4	3	5	2	1
2	1	4	3	5
3	5	2	1	4
1	4	3	5	2
5	2	1	4	3

NO. 449
4	5	3	2	1
2	1	4	5	3
5	3	2	1	4
1	4	5	3	2
3	2	1	4	5

NO. 450
3	5	4	2	1
2	1	3	5	4
5	4	2	1	3
1	3	5	4	2
4	2	1	3	5

NO. 451
3	4	5	2	1
2	1	3	4	5
4	5	2	1	3
1	3	4	5	2
5	2	1	3	4

NO. 452
3	4	1	2	5
2	5	3	4	1
4	1	2	5	3
5	3	4	1	2
1	2	5	3	4

NO. 453
1	3	2	4	5
4	5	1	3	2
3	2	4	5	1
5	1	3	2	4
2	4	5	1	3

NO. 454
5	2	4	1	3
1	3	5	2	4
2	4	1	3	5
3	5	2	4	1
4	1	3	5	2

NO. 455
1	5	2	4	3
4	3	1	5	2
5	2	4	3	1
3	1	5	2	4
2	4	3	1	5

NO. 456
1	4	2	5	3
5	3	1	4	2
4	2	5	3	1
3	1	4	2	5
2	5	3	1	4

NO. 457
1	5	2	3	4
3	4	1	5	2
5	2	3	4	1
4	1	5	2	3
2	3	4	1	5

NO. 458
1	3	2	5	4
5	4	1	3	2
3	2	5	4	1
4	1	3	2	5
2	5	4	1	3

NO. 459
5	2	3	1	4
1	4	5	2	3
2	3	1	4	5
4	5	2	3	1
3	1	4	5	2

NO. 460
4	2	3	5	1
5	1	4	2	3
2	3	5	1	4
1	4	2	3	5
3	5	1	4	2

NO. 461
1	2	3	5	4
5	4	1	2	3
2	3	5	4	1
4	1	2	3	5
3	5	4	1	2

NO. 462
5	2	3	4	1
4	1	5	2	3
2	3	4	1	5
1	5	2	3	4
3	4	1	5	2

NO. 463
1	2	3	4	5
4	5	1	2	3
2	3	4	5	1
5	1	2	3	4
3	4	5	1	2

NO. 464
5	4	3	2	1
2	1	5	4	3
4	3	2	1	5
1	5	4	3	2
3	2	1	5	4

NO. 465
3	4	2	1	5
1	5	3	4	2
4	2	1	5	3
5	3	4	2	1
2	1	5	3	4

NO. 466
4	1	2	3	5
3	5	4	1	2
1	2	3	5	4
5	4	1	2	3
2	3	5	4	1

NO. 467
3	1	2	5	4
5	4	3	1	2
1	2	5	4	3
4	3	1	2	5
2	5	4	3	1

NO. 468
4	5	2	3	1
3	1	4	5	2
5	2	3	1	4
1	4	5	2	3
2	3	1	4	5

NO. 469
3	4	2	5	1
5	1	3	4	2
4	2	5	1	3
1	3	4	2	5
2	5	1	3	4

NO. 470
3	5	2	1	4
1	4	3	5	2
5	2	1	4	3
4	3	5	2	1
2	1	4	3	5

NO. 471
1	5	3	4	2
4	2	1	5	3
5	3	4	2	1
2	1	5	3	4
3	4	2	1	5

NO. 472
1	2	4	5	3
5	3	1	2	4
2	4	5	3	1
3	1	2	4	5
4	5	3	1	2

NO. 473
3	2	4	5	1
5	1	3	2	4
2	4	5	1	3
1	3	2	4	5
4	5	1	3	2

NO. 474
5	2	4	3	1
3	1	5	2	4
2	4	3	1	5
1	5	2	4	3
4	3	1	5	2

NO. 475

1	2	4	3	5
3	5	1	2	4
2	4	3	5	1
5	1	2	4	3
4	3	5	1	2

NO. 476

4	2	3	1	5
1	5	4	2	3
2	3	1	5	4
5	4	2	3	1
3	1	5	4	2

NO. 477

4	5	3	1	2
1	2	4	5	3
5	3	1	2	4
2	4	5	3	1
3	1	2	4	5

NO. 478

4	5	1	3	2
3	2	4	5	1
5	1	3	2	4
2	4	5	1	3
1	3	2	4	5

NO. 479

4	3	1	5	2
5	2	4	3	1
3	1	5	2	4
2	4	3	1	5
1	5	2	4	3

NO. 480

4	3	5	1	2
1	2	4	3	5
3	5	1	2	4
2	4	3	5	1
5	1	2	4	3

NO. 481

3	1	5	4	2
4	2	3	1	5
1	5	4	2	3
2	3	1	5	4
5	4	2	3	1

NO. 482

3	1	4	5	2
5	2	3	1	4
1	4	5	2	3
2	3	1	4	5
4	5	2	3	1

NO. 483

3	2	5	4	1
4	1	3	2	5
2	5	4	1	3
1	3	2	5	4
5	4	1	3	2

NO. 484

5	4	2	1	3
1	3	5	4	2
4	2	1	3	5
3	5	4	2	1
2	1	3	5	4

NO. 485

4	3	2	5	1
5	1	4	3	2
3	2	5	1	4
1	4	3	2	5
2	5	1	4	3

NO. 486

4	5	2	1	3
1	3	4	5	2
5	2	1	3	4
3	4	5	2	1
2	1	3	4	5

NO. 487

4	1	2	5	3
5	3	4	1	2
1	2	5	3	4
3	4	1	2	5
2	5	3	4	1

NO. 488

4	3	2	1	5
1	5	4	3	2
3	2	1	5	4
5	4	3	2	1
2	1	5	4	3

NO. 489

5	1	2	4	3
4	3	5	1	2
1	2	4	3	5
3	5	1	2	4
2	4	3	5	1

NO. 490

1	4	2	3	5
3	5	1	4	2
4	2	3	5	1
5	1	4	2	3
2	3	5	1	4

NO. 491

5	3	2	4	1
4	1	5	3	2
3	2	4	1	5
1	5	3	2	4
2	4	1	5	3

NO. 492

5	4	2	3	1
3	1	5	4	2
4	2	3	1	5
2	5	4	2	3
2	3	1	5	4

NO. 493

5	3	2	1	4
1	4	5	3	2
3	2	1	4	5
4	5	3	2	1
2	1	4	5	3

NO. 494

5	1	2	3	4
3	4	5	1	2
1	2	3	4	5
4	5	1	2	3
2	3	4	5	1

NO. 495
3	5	1	4	6	2
2	6	4	1	5	3
6	4	2	5	3	1
1	3	5	6	2	4
4	2	6	3	1	5
5	1	3	2	4	6

NO. 496
5	6	4	1	3	2
1	2	3	6	5	4
4	1	2	5	6	3
3	5	6	2	4	1
6	3	1	4	2	5
2	4	5	3	1	6

NO. 497
2	5	3	4	1	6
4	1	6	5	3	2
3	2	4	6	5	1
1	6	5	2	4	3
5	3	2	1	6	4
6	4	1	3	2	5

NO. 498
1	6	5	2	3	4
3	2	4	1	5	6
6	5	3	4	2	1
2	4	1	3	6	5
4	3	6	5	1	2
5	1	2	6	4	3

NO. 499
4	5	3	1	2	6
1	6	2	3	4	5
6	3	4	5	1	2
2	1	5	4	6	3
3	4	6	2	5	1
5	2	1	6	3	4

NO. 500
4	3	1	2	6	5
6	2	5	3	4	1
3	5	6	1	2	4
2	1	4	5	3	6
1	6	2	4	5	3
5	4	3	6	1	2

NO. 501
5	3	2	6	4	1
4	6	1	5	3	2
6	4	5	2	1	3
2	1	3	4	6	5
1	2	4	3	5	6
3	5	6	1	2	4

NO. 502
1	4	2	3	5	6
3	5	6	2	4	1
5	2	1	4	6	3
4	6	3	1	2	5
6	1	4	5	3	2
2	3	5	6	1	4

NO. 503
6	3	2	5	1	4
4	1	5	2	6	3
1	4	6	3	5	2
5	2	3	6	4	1
2	6	4	1	3	5
3	5	1	4	2	6

NO. 504
1	3	4	6	2	5
2	6	5	3	4	1
6	2	3	5	1	4
4	5	1	2	3	6
3	1	6	4	5	2
5	4	2	1	6	3

NO. 505
1	6	2	5	4	3
5	3	4	2	1	6
2	1	3	6	5	4
6	4	5	3	2	1
3	2	1	4	6	5
4	5	6	1	3	2

NO. 506
1	3	6	4	5	2
5	4	2	1	3	6
4	1	5	6	2	3
6	2	3	5	4	1
3	6	4	2	1	5
2	5	1	3	6	4

NO. 507
3	6	5	4	1	2
2	1	4	5	3	6
5	4	3	2	6	1
1	2	6	3	5	4
6	5	2	1	4	3
4	3	1	6	2	5

NO. 508
3	2	5	6	4	1
6	1	4	2	5	3
2	6	1	5	3	4
5	4	3	1	6	2
1	3	2	4	5	6
4	5	6	2	1	3

NO. 509
4	2	3	5	1	6
5	1	6	2	3	4
2	4	1	3	6	5
6	3	5	1	4	2
3	6	2	4	5	1
1	5	4	6	2	3

NO. 510
1	6	2	4	5	3
4	5	3	2	6	1
2	3	1	6	4	5
6	4	5	3	1	2
5	2	6	1	3	4
3	1	4	5	2	6

NO. 511
1	4	3	2	6	5
6	2	5	1	4	3
3	6	2	5	1	4
4	5	1	3	2	6
2	3	4	6	5	1
5	1	6	4	3	2

NO. 512
2	4	6	5	1	3
3	1	5	6	4	2
6	5	1	2	3	4
4	2	3	1	5	6
1	3	2	4	6	5
5	6	4	3	2	1

NO. 513
2	6	5	4	1	3
1	4	3	6	5	2
6	1	2	3	4	5
5	3	4	1	2	6
4	2	6	5	3	1
3	5	1	2	6	4

NO. 514
4	5	3	6	2	1
1	6	2	4	5	3
3	4	5	1	6	2
2	1	6	3	4	5
6	2	1	5	3	4
5	3	4	2	1	6

NO.1 ~ NO.628 参考答案

NO. 515

2	3	4	1	5	6
1	5	6	3	4	2
5	6	2	4	1	3
3	4	1	2	6	5
6	1	3	5	2	4
4	2	5	6	3	1

NO. 516

3	2	4	6	1	5
5	6	1	2	4	3
2	3	5	1	6	4
1	4	6	3	5	2
6	5	2	4	3	1
4	1	3	5	2	6

NO. 517

4	1	5	3	6	2
6	3	2	5	4	1
3	2	4	1	5	6
1	5	6	4	2	3
5	6	1	2	3	4
2	4	3	6	1	5

NO. 518

1	3	4	2	5	6
2	5	6	1	4	3
3	4	5	6	1	2
6	1	2	5	3	4
5	2	3	4	6	1
4	6	1	3	2	5

NO. 519

5	3	2	1	4	6
1	6	4	2	3	5
3	5	6	4	2	1
2	4	1	6	5	3
4	1	3	5	6	2
6	2	5	3	1	4

NO. 520

4	3	2	6	1	5
5	1	6	3	4	2
6	2	1	5	3	4
3	5	4	2	6	1
2	4	3	1	5	6
1	6	5	4	2	3

NO. 521

2	1	4	5	3	6
5	6	3	2	1	4
4	5	1	6	2	3
6	3	2	4	5	1
3	2	6	1	4	5
1	4	5	3	6	2

NO. 522

3	1	2	5	6	4
5	4	6	3	2	1
2	3	1	4	5	6
6	5	4	2	1	3
4	6	5	1	3	2
1	2	3	6	4	5

NO. 523

5	2	4	3	6	1
1	3	6	2	4	5
6	4	2	5	1	3
3	5	1	4	2	6
2	1	3	6	5	4
4	6	5	1	3	2

NO. 524

2	5	3	4	1	6
6	4	1	5	2	3
4	2	6	1	3	5
1	3	5	2	6	4
3	1	4	6	5	2
5	6	2	3	4	1

NO. 525

1	5	6	2	3	4
2	3	4	6	5	1
6	1	5	3	4	2
4	2	3	1	6	5
3	4	2	5	1	6
5	6	1	4	2	3

NO. 526

5	6	2	3	1	4
3	1	4	2	6	5
4	3	5	1	2	6
1	2	6	4	5	3
6	4	1	5	3	2
2	5	3	6	4	1

NO. 527

4	1	6	2	5	3
2	5	3	4	1	6
1	6	2	5	3	4
3	4	5	6	2	1
5	3	4	1	6	2
6	2	1	3	4	5

NO. 528

3	6	4	1	5	2
5	2	1	4	3	6
1	3	5	6	2	4
6	4	2	5	1	3
2	5	6	3	4	1
4	1	3	2	6	5

NO. 529

3	5	4	1	6	2
6	1	2	3	5	4
1	4	5	6	2	3
2	6	3	4	1	5
5	3	6	2	4	1
4	2	1	5	3	6

NO. 530

4	3	1	2	5	6
6	5	2	3	4	1
3	2	6	4	1	5
1	4	5	6	3	2
2	1	3	5	6	4
5	6	4	1	2	3

NO. 531

2	3	5	6	4	1
4	1	6	3	5	2
5	6	2	4	1	3
1	4	3	2	6	5
3	5	4	1	2	6
6	2	1	5	3	4

NO. 532

2	4	6	3	1	5
3	5	1	4	2	6
6	2	3	1	5	4
5	1	4	2	6	3
4	3	2	5	6	1
1	6	5	6	4	3

NO. 533

3	1	5	2	4	6
4	2	6	3	5	1
1	5	4	6	2	3
6	3	2	5	1	4
5	6	1	4	3	2
2	4	3	1	6	5

NO. 534

6	4	1	2	3	5
3	5	2	4	1	6
4	1	3	5	6	2
2	6	5	1	4	3
1	2	6	3	5	4
5	3	4	6	2	1

NO. 535
2	1	6	5	4	3
5	3	4	6	2	1
3	4	5	1	6	2
1	6	2	3	5	4
4	5	3	2	1	6
6	2	1	4	3	5

NO. 536
2	3	4	1	5	6
6	5	1	2	3	4
3	4	2	6	1	5
1	6	5	4	2	3
5	1	6	3	4	2
4	2	3	5	6	1

NO. 537
5	2	4	6	1	3
3	1	6	4	2	5
2	6	5	1	3	4
1	4	3	2	5	6
4	3	2	5	6	1
6	5	1	3	4	2

NO. 538
5	6	4	3	1	2
3	2	1	5	4	6
4	5	6	2	3	1
2	1	3	6	5	4
1	3	2	4	6	5
6	4	5	1	2	3

NO. 539
2	5	6	4	3	1
3	4	1	6	5	2
4	1	5	3	2	6
6	3	2	1	4	5
5	6	4	2	1	3
1	2	3	5	6	4

NO. 540
2	5	6	1	3	4
1	4	3	2	5	6
6	1	2	3	4	5
5	3	4	6	1	2
4	6	1	5	2	3
3	2	5	4	6	1

NO. 541
2	3	4	5	1	6
6	5	1	2	4	3
1	6	5	4	3	2
3	4	2	6	5	1
5	1	6	3	2	4
4	2	3	1	6	5

NO. 542
6	2	3	1	5	4
4	5	1	3	6	2
5	1	6	4	2	3
3	4	2	6	1	5
1	3	5	2	4	6
2	6	4	5	3	1

NO. 543
1	5	2	3	6	4
4	3	6	5	2	1
6	2	4	1	3	5
5	1	3	6	4	2
3	4	1	2	5	6
2	6	5	4	1	3

NO. 544
3	2	5	1	4	6
1	4	6	5	3	2
4	1	2	6	5	3
5	6	3	2	1	4
6	3	1	4	2	5
2	5	4	3	6	1

NO. 545
3	1	5	4	2	6
2	4	6	1	3	5
6	2	4	5	1	3
1	5	3	6	4	2
4	6	2	3	5	1
5	3	1	2	6	4

NO. 546
5	4	6	1	2	3
1	3	2	6	4	5
4	2	1	5	3	6
3	6	5	2	1	4
6	1	3	4	5	2
2	5	4	3	6	1

NO. 547
2	3	5	4	6	1
4	6	1	5	2	3
3	4	2	6	1	5
1	5	6	2	3	4
5	2	3	1	4	6
6	1	4	3	5	2

NO. 548
1	5	6	2	4	3
3	4	2	1	6	5
6	3	5	4	1	2
2	1	4	3	5	6
4	6	3	5	2	1
5	2	1	6	3	4

NO. 549
4	3	5	1	6	2
1	2	6	3	5	4
6	4	3	5	2	1
2	5	1	4	3	6
3	6	4	2	1	5
5	1	2	6	4	3

NO. 550
4	1	3	2	5	6
6	5	2	3	1	4
3	6	5	1	4	2
2	4	1	5	6	3
1	2	6	4	3	5
5	3	4	6	2	1

NO. 551
5	2	3	6	1	4
4	1	6	5	2	3
6	5	4	2	3	1
2	3	1	4	5	6
1	4	2	3	6	5
3	6	5	1	4	2

NO. 552
1	2	4	3	6	5
3	6	5	2	1	4
5	1	2	4	3	6
4	3	6	1	5	2
6	4	1	5	2	3
2	5	3	6	4	1

NO. 553
6	2	3	5	4	1
4	5	1	2	3	6
1	6	4	3	2	5
5	3	2	6	1	4
2	4	6	1	5	3
3	1	5	4	6	2

NO. 554
1	4	3	6	5	2
2	5	6	3	1	4
6	3	2	5	4	1
4	1	5	2	6	3
3	6	1	4	2	5
5	2	4	1	3	6

NO.1 ~ NO.628 参考答案

NO.555

1	2	6	5	3	4
5	4	3	2	6	1
2	3	1	6	4	5
6	5	4	3	1	2
3	1	2	4	5	6
4	6	5	1	2	3

NO.556

1	6	3	4	2	5
5	2	4	1	6	3
4	5	1	6	3	2
6	3	2	5	1	4
3	4	6	2	5	1
2	1	5	3	4	6

NO.557

3	5	6	4	2	1
2	4	1	5	6	3
5	3	4	2	1	6
1	6	2	3	4	5
6	2	5	1	3	4
4	1	3	6	5	2

NO.558

3	5	2	6	1	4
6	4	1	3	5	2
2	1	6	5	4	3
5	3	4	1	2	6
1	2	3	4	6	5
4	6	5	2	3	1

NO.559

4	3	2	5	6	1
5	6	1	2	4	3
2	1	4	3	5	6
6	5	3	1	2	4
3	2	6	4	1	5
1	4	5	6	3	2

NO.560

1	2	6	4	3	5
4	3	5	2	1	6
2	1	3	6	5	4
6	5	4	3	2	1
5	6	2	1	4	3
3	4	1	5	6	2

NO.561

1	3	4	2	5	6
6	5	2	1	3	4
3	2	6	5	4	1
4	1	5	3	6	2
2	4	3	6	1	5
5	6	1	4	2	3

NO.562

2	6	4	5	3	1
3	5	1	6	2	4
6	1	5	2	4	3
4	3	2	1	6	5
1	2	3	4	5	6
5	4	6	3	1	2

NO.563

2	5	6	4	3	1
1	3	4	6	2	5
6	2	1	3	5	4
5	4	3	1	6	2
4	6	2	5	1	3
3	1	5	2	4	6

NO.564

4	3	5	6	1	2
1	2	6	4	3	5
3	5	4	1	2	6
2	6	1	3	5	4
6	1	2	5	4	3
5	4	3	2	6	1

NO.565

2	4	3	1	6	5
1	6	5	3	2	4
5	2	6	4	3	1
3	1	4	2	5	6
6	3	1	5	4	2
4	5	2	6	1	3

NO.566

3	4	2	6	5	1
5	1	6	2	3	4
2	6	3	1	4	5
1	5	4	3	2	6
6	2	5	4	1	3
4	3	1	5	6	2

NO.567

```
2 5 1 6 4 3
3 4 6 2 1 5
1 2 3 4 5 6
4 6 5 3 2 1
5 3 2 1 6 4 5 3 2
6 1 4 5 3 2 4 6 1
        2 4 6 3 1 5
        3 1 5 2 4 6
        6 2 3 1 5 4
        4 5 1 6 2 3
```

NO.568

```
2 3 1 4 5 6
6 5 4 3 2 1
5 1 2 6 4 3
4 6 3 2 1 5
3 2 5 1 6 4 3 2 5
1 4 6 5 3 2 6 1 4
        6 2 3 5 4 1
        4 5 1 2 3 6
        2 4 6 1 5 3
        3 1 5 4 6 2
```

NO.569

```
5 1 2 6 4 3
4 6 3 2 1 5
2 3 1 4 5 6
6 5 4 3 2 1
3 2 5 1 6 4 3 2 5
1 4 6 5 3 2 6 1 4
        2 4 6 1 5 3
        3 1 5 4 6 2
        6 2 3 5 4 1
        4 5 1 2 3 6
```

147

NO. 570

4	5	1	3	6	2			
6	2	3	1	5	4			
5	4	6	2	3	1			
1	3	2	5	4	6			
2	6	5	4	1	3	2	6	5
3	1	4	6	2	5	1	4	3
			2	4	1	5	3	6
			5	3	6	4	2	1
			1	6	2	3	5	4
			3	5	4	6	1	2

NO. 571

5	3	2	1	6	4			
4	6	1	5	3	2			
3	1	5	2	4	6			
2	4	6	3	1	5			
1	5	4	6	2	3	5	1	4
6	2	3	4	5	1	6	3	2
			5	4	6	3	2	1
			1	3	2	4	5	6
			2	6	5	1	4	3
			3	1	4	2	6	5

NO. 572

1	5	3	2	4	6			
4	6	2	3	1	5			
3	2	5	1	6	4			
6	1	4	5	3	2			
5	4	1	6	2	3	1	4	5
2	3	6	4	5	1	3	2	6
			2	6	5	4	3	1
			3	1	4	6	5	2
			5	4	6	2	1	3
			1	3	2	5	6	4

NO. 573

1	4	5	3	6	2			
3	6	2	1	5	4			
6	5	4	2	3	1			
2	1	3	5	4	6			
5	2	6	4	1	3	5	2	6
4	3	1	6	2	5	3	1	4
			2	4	1	6	5	3
			5	3	6	1	4	2
			1	6	2	4	3	5
			3	5	4	2	6	1

NO. 574

5	4	6	2	3	1			
1	3	2	5	4	6			
4	5	1	3	6	2			
6	2	3	1	5	4			
2	6	5	4	1	3	2	6	5
3	1	4	6	2	5	1	4	3
			1	6	2	3	5	4
			3	5	4	6	1	2
			2	4	1	5	3	6
			5	3	6	4	2	1

NO. 575

6	5	1	4	2	3			
2	3	4	6	1	5			
5	1	3	2	4	6			
4	2	6	5	3	1			
3	6	2	1	5	4	2	6	3
1	4	5	3	6	2	5	4	1
			2	3	1	4	5	6
			5	4	6	3	1	2
			4	1	3	6	2	5
			6	2	5	1	3	4

NO. 576

1	3	5	2	4	6			
2	6	4	5	3	1			
5	1	6	4	2	3			
3	4	2	6	1	5			
6	2	3	1	5	4	6	3	2
4	5	1	3	6	2	4	1	5
			4	1	3	2	5	6
			6	2	5	3	4	1
			2	3	1	5	6	4
			5	4	6	1	2	3

NO. 577

3	2	5	1	6	4			
6	1	4	5	3	2			
1	5	3	2	4	6			
4	6	2	3	1	5			
5	4	1	6	2	3	1	4	5
2	3	6	4	5	1	3	2	6
			5	4	6	2	1	3
			1	3	2	5	6	4
			2	6	5	4	3	1
			3	1	4	6	5	2

NO. 578

5	1	6	4	2	3			
3	4	2	6	1	5			
1	3	5	2	4	6			
2	6	4	5	3	1			
6	2	3	1	5	4	6	3	2
4	5	1	3	6	2	4	1	5
			2	3	1	5	6	4
			5	4	6	1	2	3
			4	1	3	2	5	6
			6	2	5	3	4	1

NO.1 ~ NO.628 参考答案

NO. 579

1	6	2	3	4	5			
3	5	4	6	2	1			
2	4	5	1	6	3			
4	2	1	5	3	6	1	5	4	2
6	1	3	2	5	4	3	2	6	1
5	3	6	4	1	2	6	4	5	3
						4	5	2	3	1	6
						2	1	4	6	3	5
						6	3	5	1	2	4

NO. 580

5	1	2	4	6	3
2	3	1	6	4	5
4	6	3	5	2	1
1	5	4	2	3	6	4	2	1	5
3	2	6	1	5	4	6	1	3	2
6	4	5	3	1	2	5	3	6	4
						6	3	2	4	5	1
						4	5	1	6	2	3
						2	1	3	5	4	6

NO. 581

6	3	2	4	1	5
5	1	4	6	3	2
3	2	1	5	6	4
4	5	6	1	2	3
1	4	3	2	5	6	4	3	1
2	6	5	3	4	1	2	5	6
					5	3	1	6	4
					6	1	4	3	2	5
					1	6	2	5	4	3
					4	3	5	6	1	2

NO. 582

2	1	3	5	6	4
5	6	4	1	2	3
3	2	6	4	1	5
1	4	5	6	3	2
4	3	1	2	5	6	3	1	4
6	5	2	3	4	1	5	6	2
					1	6	2	4	3	5
					4	3	5	1	2	6
					5	2	3	6	4	1
					6	1	4	2	5	3

NO. 583

2	3	1	6	4	5
4	6	3	5	2	1
5	1	2	4	6	3
1	5	4	2	3	6	4	2	1	5
3	2	6	1	5	4	6	1	3	2
6	4	5	3	1	2	5	3	6	4
						4	5	1	6	2	3
						2	1	3	5	4	6
						6	3	2	4	5	1

NO. 584

3	2	6	4	1	5
1	4	5	6	3	2
2	1	3	5	6	4
5	6	4	1	2	3
4	3	1	2	5	6	3	1	4
6	5	2	3	4	1	5	6	2
					5	2	3	6	4	1
					6	1	4	2	5	3
					1	6	2	4	3	5
					4	3	5	1	2	6

NO. 585

3	2	1	5	6	4
4	5	2	6	1	3
1	6	3	4	2	5
6	4	5	2	3	1	5	2	4	6
5	3	6	1	4	2	6	1	5	3
2	1	4	3	5	6	3	4	1	2
						6	3	4	5	2	1
						1	5	2	3	6	4
						2	4	1	6	3	5

NO. 586

4	2	3	5	1	6
6	1	5	3	4	2
2	4	6	1	3	5
5	3	1	2	6	4
1	5	4	6	2	3	1	4	5
3	6	2	4	5	1	3	2	6
					5	4	6	2	1	3
					1	3	2	5	6	4
					2	6	5	4	3	1
					3	1	4	6	5	2

NO. 587

1	5	3	2	6	4
2	6	4	5	1	3
3	4	1	6	2	5
5	2	6	4	3	1	4	6	5	2
6	1	5	3	4	2	5	3	6	1
4	3	2	1	5	6	1	2	3	4
						6	3	2	1	4	5
						1	5	6	4	2	3
						2	4	3	5	1	6

149

NO. 588

2	4	6	1	3	5			
5	3	1	2	6	4			
4	2	3	5	1	6			
6	1	5	3	4	2			
1	5	4	6	2	3	1	4	5
3	6	2	4	5	1	3	2	6
			2	6	5	4	3	1
			3	1	4	6	5	2
			5	4	6	2	1	3
			1	3	2	5	6	4

NO. 589

6	4	1	2	3	5			
3	5	6	4	1	2			
1	2	5	3	4	6			
4	6	3	5	2	1	4	5	6	3
2	1	4	6	5	3	6	2	1	4
5	3	2	1	6	4	1	3	2	5
			3	6	5	1	4	2
			1	2	3	4	5	6
			4	5	2	6	3	1

NO. 590

6	4	3	5	1	2			
5	3	1	2	4	6			
1	2	6	4	3	5			
3	5	4	6	2	1	6	3	4	5
4	6	2	1	5	3	1	4	6	2
2	1	5	3	6	4	2	5	1	3
			1	2	5	6	3	4
			4	5	3	1	2	6
			3	6	4	2	5	1

NO. 591

3	5	6	4	1	2			
1	2	5	3	4	6			
6	4	1	2	3	5			
4	6	3	5	2	1	4	5	6	3
2	1	4	6	5	3	6	2	1	4
5	3	2	1	6	4	1	3	2	5
			1	2	3	4	5	6
			4	5	2	6	3	1
			3	6	5	1	4	2

NO. 592

4	2	1	5	3	6			
3	6	5	2	1	4			
6	1	3	4	5	2			
2	5	4	3	6	1			
5	4	6	1	2	3	5	6	4
1	3	2	6	4	5	1	2	3
			4	5	2	6	3	1
			3	6	1	2	4	5
			5	3	6	4	1	2
			2	1	4	3	5	6

NO. 593

6	5	3	1	2	4			
2	1	4	6	3	5			
4	3	2	5	6	1			
3	2	1	4	5	6	2	3	4	1
5	4	6	3	1	2	6	4	3	5
1	6	5	2	4	3	5	1	6	2
			2	5	3	6	1	4
			3	4	1	5	2	6
			6	1	4	2	5	3

NO. 594

2	5	4	3	6	1			
4	6	2	1	3	5			
3	1	6	5	2	4			
1	4	3	2	5	6	4	1	2	3
6	3	5	4	1	2	3	5	6	4
5	2	1	6	4	3	6	2	5	1
			6	1	5	3	4	2
			3	4	2	6	1	5
			2	5	1	4	3	6

NO. 595

4	3	2	5	6	1			
2	1	4	6	3	5			
6	5	3	1	2	4			
3	2	1	4	5	6	2	3	4	1
5	4	6	3	1	2	6	4	3	5
1	6	5	2	4	3	5	1	6	2
			6	1	4	2	5	3
			3	4	1	5	2	6
			2	5	3	6	1	4

NO. 596

5	6	2	4	1	3			
1	4	3	2	6	5			
3	5	4	1	2	6			
6	2	1	5	3	4			
2	3	5	6	4	1	5	2	3
4	1	6	3	5	2	4	1	6
			2	1	3	6	5	4
			4	6	5	1	3	2
			5	2	4	3	6	1
			1	3	6	2	4	5

NO.1 ~ NO.628 参考答案

NO.597

4	1	3	6	5	2				
2	3	5	4	1	6				
6	5	1	2	3	4				
1	4	2	3	6	5	2	3	1	4
5	6	4	1	2	3	4	1	5	6
3	2	6	5	4	1	6	5	3	2
						5	2	3	6	4	1
						1	6	5	4	2	3
						3	4	1	2	6	5

NO.598

5	4	2	3	1	6				
1	2	6	5	3	4				
3	6	4	1	5	2				
2	3	1	4	6	5	1	4	2	3
4	1	5	6	2	3	5	6	4	1
6	5	3	2	4	1	3	2	6	5
						1	6	2	3	5	4
						3	4	6	5	1	2
						5	2	4	1	3	6

NO.599

2	3	5	4	1	6				
6	5	1	2	3	4				
4	1	3	6	5	2				
1	4	2	3	6	5	2	3	1	4
5	6	4	1	2	3	4	1	5	6
3	2	6	5	4	1	6	5	3	2
						1	6	5	4	2	3
						3	4	1	2	6	5
						5	2	3	6	4	1

NO.600

3	6	2	5	1	4				
4	5	1	3	2	6				
2	3	4	6	5	1				
5	1	6	4	3	2				
1	4	3	2	6	5	1	3	4
6	2	5	1	4	3	2	5	6
						4	3	2	5	6	1
						6	5	1	3	4	2
						5	2	4	6	1	3
						3	1	6	4	2	5

NO.601

4	6	3	5	1	2				
3	5	2	1	4	6				
2	1	6	4	3	5				
5	2	4	3	6	1	4	3	5	2
1	3	5	6	2	4	5	6	1	3
6	4	1	2	5	3	1	2	6	4
						1	2	3	5	4	6
						3	5	6	4	2	1
						4	6	2	1	3	5

NO.602

5	4	2	3	1	6				
1	2	6	5	3	4				
3	6	4	1	5	2				
2	3	1	4	6	5	1	4	2	3
4	1	5	6	2	3	5	6	4	1
6	5	3	2	4	1	3	2	6	5
						1	6	2	3	5	4
						3	4	6	5	1	2
						5	2	4	1	3	6

NO.603

3	5	4	6	1	2				
2	1	3	5	4	6				
6	4	2	1	3	5				
4	3	5	2	6	1	5	2	4	3
5	6	1	3	2	4	1	3	5	6
1	2	6	4	5	3	6	4	1	2
						1	2	4	6	3	5
						3	5	2	1	6	4
						4	6	3	5	2	1

NO.604

2	3	5	4	1	6				
6	5	1	2	3	4				
4	1	3	6	5	2				
1	4	2	3	6	5	2	3	1	4
5	6	4	1	2	3	4	1	5	6
3	2	6	5	4	1	6	5	3	2
						1	6	5	4	2	3
						3	4	1	2	6	5
						5	2	3	6	4	1

NO.605

2	4	5	1	3	6				
6	1	3	2	5	4				
5	3	4	6	2	1				
1	5	6	3	4	2	5	1	3	6
4	6	2	5	1	3	4	2	6	5
3	2	1	4	6	5	2	3	1	4
						2	4	1	6	5	3
						3	1	4	5	6	2
						5	6	3	2	4	1

151

NO. 606

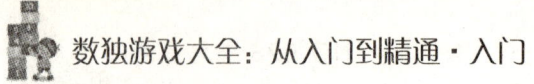

4	5	6	2	3	1			
6	1	3	5	4	2			
3	2	4	1	5	6			
2	6	5	3	1	4	2	3	6	5
1	3	2	4	6	5	4	1	2	3
5	4	1	6	2	3	6	5	4	1
			3	2	5	4	1	6
			5	6	1	2	3	4
			4	1	3	6	5	2

NO. 607

5	1	2	4	3	6			
3	2	6	1	5	4			
4	6	5	3	2	1			
6	3	1	5	4	2	3	6	5	1
2	5	4	6	1	3	2	5	6	4
1	4	3	2	6	5	1	4	2	3
			2	4	5	3	1	6
			3	1	6	2	4	5
			5	6	4	1	3	2

NO. 608

6	2	4	5	3	1			
3	5	6	1	4	2			
4	1	3	2	5	6			
5	3	2	6	1	4	6	5	2	3
2	4	1	3	6	5	2	3	4	1
1	6	5	4	2	3	4	1	6	5
			3	2	1	6	5	4
			5	6	3	4	1	2
			4	1	5	2	3	6

NO. 609

3	4	5	1	6	2			
2	1	6	3	4	5			
6	2	1	5	3	4			
5	3	4	2	1	6			
4	5	3	6	2	1	5	3	4
1	6	2	4	5	3	2	1	6
			3	1	6	4	5	2
			5	4	2	1	6	3
			1	3	4	6	2	5
			2	6	5	3	4	1

NO. 610

4	1	2	5	6	3			
3	5	6	2	4	1			
6	3	1	4	2	5			
2	4	5	3	1	6			
5	6	4	1	3	2	5	6	4
1	2	3	6	5	4	1	2	3
			4	2	5	6	3	1
			3	1	6	2	4	5
			5	6	3	4	1	2
			2	4	1	3	5	6

NO. 611

		2	3	4	1	6	5				
		1	4	5	6	2	3				
		6	5	3	2	1	4				
2	1	5	3	4	6	2	5	3	1	6	5	2	4
6	3	4	1	5	2	1	3	4	6	2	3	5	1
5	4	2	6	3	1	6	4	5	2	1	4	3	6
1	5	3	2	6	4			1	4	5	2	6	3
3	6	1	4	2	5			6	5	3	1	4	2
4	2	6	5	1	3			2	3	4	6	1	5

NO. 612

		1	4	6	5	2	3				
		6	5	2	3	1	4				
		2	3	1	4	6	5				
5	3	2	1	4	6	5	2	3	1	2	4	6	5
4	1	6	3	5	2	3	1	4	6	5	1	2	3
2	6	5	4	3	1	4	6	5	2	3	6	1	4
1	4	3	6	2	5			6	5	4	2	3	1
6	5	4	2	1	3			2	3	1	5	4	6
3	2	1	5	6	4			1	4	6	3	5	2

NO.1 ~ NO.628 参考答案

NO.613

		3	4	5	1	6	2			
		1	5	2	6	3	4			
		2	6	4	3	5	1			
2	5	3	4	6	1	3	4	2	5	3	4	6	1
4	6	1	2	5	3	1	2	4	6	1	2	5	3
1	3	6	5	4	2	6	5	1	3	6	5	4	2
6	2	5	1	3	4			6	2	5	1	3	4
3	4	2	6	1	5			3	4	2	6	1	5
5	1	4	3	2	6			5	1	4	3	2	6

NO.614

						1	5	6	2	3	4
						2	6	3	4	5	1
						3	4	1	5	6	2
3	4	2	5	6	1	4	3	2	5	6	1	3	4
1	2	4	6	5	3	2	1	4	6	5	3	1	2
6	5	1	3	4	2	5	6	1	3	4	2	6	5
2	6	3	4	1	5			3	4	1	5	2	6
4	3	5	1	2	6			5	1	2	6	4	3
5	1	6	2	3	4			6	2	3	4	5	1

NO.615

		1	4	5	6	2	3			
		6	5	3	2	1	4			
		2	3	4	1	6	5			
2	1	5	3	4	6	2	5	3	1	6	5	2	4
6	3	4	1	5	2	1	3	4	6	2	3	5	1
5	4	2	6	3	1	6	4	5	2	1	4	3	6
3	6	1	4	2	5			6	5	3	1	4	2
4	2	6	5	1	3			2	3	4	6	1	5
1	5	3	2	6	4			1	4	5	2	6	3

NO.616

						1	5	2	6	3	4
						2	6	4	3	5	1
						3	4	5	1	6	2
2	5	3	4	6	1	3	4	2	5	3	4	6	1
4	6	1	2	5	3	1	2	4	6	1	2	5	3
1	3	6	5	4	2	6	5	1	3	6	5	4	2
3	4	2	6	1	5			3	4	2	6	1	5
5	1	4	3	2	6			5	1	4	3	2	6
6	2	5	1	3	4			6	2	5	1	3	4

NO.617

		4	1	6	5	3	2			
		6	5	2	3	1	4			
		2	3	4	1	5	6			
5	3	4	2	1	6	5	4	2	3	5	4	1	6
2	6	1	5	3	4	1	2	6	5	1	2	3	4
1	4	3	6	5	2	3	6	4	1	3	6	5	2
6	2	5	1	4	3			3	2	6	5	4	1
4	1	2	3	6	5			1	4	2	3	6	5
3	5	6	4	2	1			5	6	4	1	2	3

NO.618

						6	5	3	2	1	4
						2	3	1	4	5	6
						4	1	5	6	3	2
4	2	5	3	1	6	4	5	2	3	1	6	5	4
1	5	2	6	4	2	1	6	5	3	4	1	2	
3	6	1	4	5	2	6	3	4	1	5	2	3	6
2	3	4	1	6	5			1	4	6	5	2	3
6	4	3	5	2	1			5	6	2	3	4	1
5	1	6	2	4	3			3	2	1	4	6	5

NO.619

		6	5	2	3	1	4			
		2	3	4	1	5	6			
		4	1	6	5	3	2			
5	3	4	2	1	6	5	4	2	3	5	4	1	6
2	6	1	5	3	4	2	6	1	5	1	2	3	4
1	4	3	6	5	2	3	6	4	1	3	6	5	2
4	1	2	3	6	5			1	4	2	3	6	5
3	5	6	4	2	1			5	6	4	1	2	3
6	2	5	1	4	3			3	2	6	5	4	1

NO.620

						3	5	6	4	1	2
						1	2	5	3	4	6
						6	4	1	2	3	5
3	1	5	2	4	6	3	5	2	1	3	4	5	6
5	6	3	4	2	1	4	6	5	3	1	6	4	2
4	2	6	1	5	3	5	2	1	6	4	2	3	1
6	3	4	5	1	2			4	6	2	5	1	3
1	5	2	3	6	4			1	5	6	3	2	4
2	4	1	6	3	5			3	2	4	1	6	5

153

NO.621

			6	4	1	2	3	5					
			3	5	6	4	1	2					
			1	2	5	3	4	6					
3	1	5	2	4	6	3	5	2	1	3	4	5	6
5	6	3	4	2	1	4	6	5	3	1	6	4	2
4	2	6	1	5	3	2	1	6	4	5	2	3	1
2	4	1	6	3	5			3	2	4	1	6	5
6	3	4	5	1	2			4	6	2	5	1	3
1	5	2	3	6	4			1	5	6	3	2	4

NO.622

			3	5	4	6	1	2					
			1	2	3	5	4	6					
			6	4	2	1	3	5					
5	2	3	1	4	6	5	3	2	1	5	6	3	4
3	4	5	6	2	1	6	4	5	3	4	2	1	6
6	1	4	2	5	3	1	2	6	4	3	1	5	2
4	5	6	3	1	2			4	6	1	3	2	5
2	3	1	5	6	4			1	5	2	4	6	3
1	6	2	4	3	5			3	2	6	5	4	1

NO.623

			1	4	5	6	2	3					
			6	5	3	2	1	4					
			2	3	4	1	6	5					
2	1	5	3	4	6	2	5	3	1	6	5	2	4
6	3	4	1	5	2	1	3	4	6	2	3	5	1
5	4	2	6	3	1	6	4	5	2	1	4	3	6
3	6	1	4	2	5			6	5	3	1	4	2
4	2	6	5	1	3			2	3	4	6	1	5
1	5	3	2	6	4			1	4	5	2	6	3

NO.624

			1	4	3	5	2	6					
			6	5	4	2	1	3					
			2	3	6	1	5	4					
6	2	4	5	3	1	2	6	4	5	2	1	6	3
5	3	6	1	4	2	5	3	6	1	3	5	4	2
4	1	3	2	5	6	1	4	3	2	4	6	1	5
3	4	2	6	1	5			1	4	5	2	3	6
2	5	1	4	6	3			2	3	6	4	5	1
1	6	5	3	2	4			5	6	1	3	2	4

NO.625

			1	4	5	3	2	6					
			6	5	2	4	1	3					
			2	3	1	6	5	4					
6	4	5	2	3	1	6	2	4	5	6	2	3	1
5	3	6	1	4	2	3	5	6	1	3	5	4	2
2	1	4	3	5	6	4	1	2	3	2	4	1	5
3	2	1	5	6	4			2	6	5	3	1	4
4	5	2	6	1	3			1	3	4	6	2	5
1	6	3	4	2	5			5	4	1	6	2	3

NO.626

			5	4	1	3	6	2					
			1	2	5	6	3	4					
			6	3	4	2	5	1					
1	3	6	4	2	5	6	4	1	3	6	4	5	2
4	6	2	5	3	1	2	5	4	6	2	5	3	1
2	5	1	3	4	6	3	1	2	5	1	3	6	4
6	2	3	5	4				5	2	3	1	4	6
3	4	5	2	1				3	1	4	6	2	5
5	1	4	2	6	3			6	4	5	2	1	3

NO.627

			6	3	4	2	5	1					
			5	4	1	3	6	2					
			1	2	5	6	3	4					
1	3	6	4	2	5	6	4	1	3	6	4	5	2
4	6	2	5	3	1	2	5	4	6	2	5	3	1
2	5	1	3	4	6	3	1	2	5	1	3	6	4
5	1	4	2	6	3			6	4	5	2	1	3
6	2	1	3	5	4			5	2	3	1	4	6
3	4	5	6	1	2			3	1	4	6	2	5

NO.628

			5	4	3	1	6	2					
			1	2	6	5	3	4					
			6	3	2	4	5	1					
6	4	1	3	2	5	4	6	1	3	5	2	6	4
2	5	6	4	3	1	5	2	4	6	3	1	2	5
3	1	2	5	4	6	1	3	2	5	6	4	1	3
1	3	6	2	5	4			5	2	4	6	3	1
5	6	3	4	1	2			3	1	2	5	4	6
4	2	5	1	6	3			6	4	1	3	5	2